왜 비잔티움 제국은 멸망했을까?

22
역사공화국
세계사법정

교과서 속 역사 이야기, 법정에 서다

콘스탄티누스 1세 vs 메메트 2세

왜 비잔티움 제국은 멸망했을까?

글 김차규 · 그림 조환철

㈜자음과모음

콘스탄티노플은 콘스탄티누스 황제가 330년에 로마를 대신하여 수도로 세운 도시로 원래 이름은 콘스탄티노폴리스이지요. 황제 콘스탄티누스와 도시를 뜻하는 폴리스라는 두 단어가 합성된 것으로 '콘스탄티누스의 도시'라는 뜻을 가지고 있습니다. 콘스탄티노플은 유럽과 아시아, 그리고 지중해와 흑해를 잇는 십자로에 위치하는데, 이러한 지리적 위치 때문에 페르시아와 게르만족의 침입에 신속히 대응하고 해상 교역과 육상 교역을 발달시킬 수 있었습니다. 지중해와 흑해를 중심으로 하는 해상 교역과 멀리 중국 장안에서 출발하는 비단길을 통한 육상 교역 덕분에 콘스탄티노플은 상업이 발달했고, 이는 비잔티움 제국을 부유한 국가로 만들었습니다.

비잔티움 제국은 로마 제국을 계승한 국가입니다. 하지만 313년에 콘스탄티누스 황제와 리키니우스 황제의 공동 칙령으로 기독교를 정식 종교 중 하나로 인정하고 392년에 테오도시우스 1세 황제가 기독교를 국교로 정하면서 로마적 다신교에서 일신교인 기독교 국가로 탈바꿈했습니다. 그리고 로마, 헬레니즘, 기독교 문화를 혼합, 발달시켜 비잔티움 제국만의 문화로 만들었습니다. 뿐만 아니라 9세기부터 종교와 문자, 건축, 예술을 동유럽에 전해 줌으로써 그리스 정교회와 비잔티움 건축과 예술의 확산을 가져왔습니다. 비잔티움 문화의 영향은 동유럽에만 국한된 것은 아니었습니다. 15세기 이탈리아에서 르네상스가 일어나는 데에도 큰 영향을 끼쳤지요.

오스만 제국의 영광도 비잔티움 제국 못지않았습니다. 13세기 말에 셀주크 왕조가 멸망한 후 오스만 1세의 왕조가 주권을 넘겨받았고, 이때부터 오스만 제국이 시작되었습니다. 오스만 1세는 비잔티움 제국의 부르사를 공격하여 1326년에 아나톨리아(지금의 소아시아) 지역을 거의 통일한 뒤 수도를 부르사로 옮겼습니다. 그 후 메메트 2세가 1453년에 콘스탄티노플을 함락하면서 영토를 크게 확장했고, 술레이만 1세 때는 아시아, 북아프리카, 유럽의 3대륙에 걸쳐 광대한 영토를 다스리기에 이릅니다.

오스만 제국은 지정학적으로 동서 교류의 중심지 역할을 했는데 문화적으로도 비잔티움 문화와 이슬람 문화가 융합된 다원적 성격을 띠었습니다. 오스만 제국은 원래 중앙아시아에 살던 튀르크 족이 건설한 나라입니다. 그럼 중앙아시아에 살던 튀르크 족이 왜 소아시아로 와서 비잔티움 제국의 수도인 콘스탄티노플을 정복했을까요?

메메트 2세는, 콘스탄티노플이 오스만 제국의 영토를 아시아와 유럽으로 나누면서 그 심장부에 위치하고 있어서, 이곳을 정복해야만 오스만 제국 군대의 사기를 높일 수 있고 더불어 나라 발전에 기여할 수 있었다고 주장했습니다.

이에 대해 비산티움 제국의 콘스탄티누스 황제는 자신이 심혈을 기울여 세운 콘스탄티노플을 빼앗아 간 메메트 2세를 무단 점령죄로 역사공화국 세계사법정에 고소했습니다.

과연 메메트 2세의 콘스탄티노플 점령은 무단 점령죄에 해당할까요? 그리고 콘스탄티누스 황제는 콘스탄티노플을 되찾을 수 있을까요? 우리 함께 재판을 지켜보아요.

김차규

차례

재판 첫째 날 튀르크 족의 소아시아 정복은 정당한가?

11세기 무렵부터 이슬람 세계는 서아시아와 북부 아프리카 이외의 지역으로 확대되었습니다. 학문과 예술이 발달하여 이슬람 문화에 비잔티움 문화가 더해진 튀르크 문화가 발전하였습니다.

이슬람 세계는 자신만의 독특한 문화를 형성했습니다. 이슬람교에서는 코란을 읽었으며, 모스크라 불리는 사원에서 예배를 보았어요. 또한 수학과 자연 과학이 발달한 것으로도 잘 알려져 있습니다.

| 중학교 | 사회1 | XI. 인도와 동남 및 서아시아 사회의 발전과 변화
2. 서아시아 문화권의 형성과 발전
— 종교적 성격이 강한 이슬람 문화
— 이슬람교의 확산 |
| | 사회2 | Ⅰ. 유럽 세계의 형성
2. 유럽 세계의 성립과 발전
(5) 비잔티움 제국의 발전 |

서로마 제국이 멸망한 뒤에도 동로마 제국은 1000여 년간 더 번성하였습니다. 이를 비잔티움 제국이라고 하는데, 1453년에 오스만 제국의 침입으로 멸망하고 맙니다.

동로마 제국으로도 불리는 비잔티움 제국의 황제들은 수도인 콘스탄티노플이 '제2의 로마'라는 자긍심을 가졌습니다. 그러나 유스티니아누스 황제 사후 제국의 쇠퇴와 확장을 반복하다가 셀수크 튀르크의 침입으로 소아시아 지역을 빼앗기고, 콘스탄티노플은 십자군에게 약탈당하는 시련을 겪게 되지요. 15세기 중엽 오스만 제국에 의해 함락되었습니다.

| 고등학교 | 세계사 | III. 지역 문화의 발전과 종교의 확산
　2. 중세 유럽의 형성
　　(2) 비잔티움 제국의 발전 |

1196년	고려, 최충헌 집권
1231년	몽골 침입
1351년	공민왕, 반원 자주 개혁 정치 추진
1370년	명나라 연호 사용
1388년	이성계, 위화도 회군
1391년	과전법 제정
1392년	이성계, 조선 건국
1398년	제1차 왕자의 난
1400년	제2차 왕자의 난
1419년	이종무, 대마도 정벌
1420년	집현전 설치
1438년	장영실, 자동 물시계인 옥루 제작
1453년	수양대군 정권 장악

원고 **콘스탄티누스 1세 (274년~337년)**

밀라노 칙령을 공포하여 기독교 신앙의 자유를 인정했으며, 동서 교역의 중심지에 로마를 닮은 콘스탄티노플을 건설하여 정치의 중심지로 삼음으로써 비잔티움 제국의 시작을 알렸습니다.

원고 측 변호사 **김딴지**

해박한 역사 지식을 가진 나, 김딴지 변호사는 잘못된 역사를 바로잡는 데 혼신의 힘을 쏟고 있지요.

원고 측 증인 **유스티니아누스**

나는 옛 로마 제국의 서방 영토를 재정복하고, 『유스티니아누스 법전』을 편찬했으며, 성 소피아 대성당을 재건했어요. 뿐만 아니라 동서 교회의 통합을 위해서도 노력했지요.

원고 측 증인 **테오도루스 1세**

1204년 4차 십자군에 의해 콘스탄티노플이 함락되자 소아시아로 건너가서 니케아 제국을 세웠어요. 그후 4차 십자군이 세운 라틴 제국과 전쟁을 했으며, 튀르크 족의 룸 셀주크 왕조 술탄 카이코루스를 죽이고 승리했습니다.

원고 측 증인 **미카엘 8세**

1261년 콘스탄티노플을 재탈환해 팔레올로고스 왕조를 창시했고, 1274년에는 교황의 주권을 인정하고 동서 양교회를 통일시켰지만, 그 후 서유럽 제국과 대립했습니다. 튀르크 족의 침입으로 많은 영토를 잃었어요.

원고 측 증인 **할릴 파샤**

술탄 무라트 2세와 메메트 2세를 모셨던 재상으로, 메메트 2세와 반목하여 콘스탄티노플 함락 직후에 메메트 2세에 의해 처형되었습니다.

원고 측 증인 **콘스탄티누스 11세**

비잔티움 제국의 마지막 황제로, 1453년 오스만 제국의 메메트 2세에 의한 콘스탄티노플 함락 때 전사했습니다.

피고 메메트 2세 (1432년~1481년)

오스만 제국의 7대 술탄으로 관료제 국가 체제를 확립했고 콘스탄티노플과 펠로폰네소스 반도의 대부분을 점령했어요. 학문과 예술에 대한 이해와 다른 문명에 대한 관용이 탁월했고 특히 이탈리아 르네상스에 관심이 많았습니다.

피고 측 변호사 이대로

역사공화국에서 명변호사로 널리 알려진 이대로입니다. 역사적 진실은 쉽게 변하는 것이 아니라고 생각하는 변호사이지요. 여러분, 기존의 역사적 평가는 다 이유가 있다니까요!

피고 측 증인 오르한 1세

오스만 제국의 2대 술탄으로 부르사를 정복하여 수도로 정했습니다. 또한 비잔티움 제국을 우방으로 만들어 요한네스 6세 칸타쿠제노스의 황제 즉위를 도와주었습니다.

판사 명판결

나는 역사공화국에서 명쾌한 판결을 내리기로 소문난 명판결 판사입니다. 역사에 대한 호기심과 공정한 판결에 대한 노력은 나를 능가할 사람이 없지요!

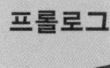
"콘스탄티노플의 옛 모습을 되찾아야 하오"

여기는 터키 이스탄불(옛 콘스탄티노플)에 위치한 성 소피아 대성당. 유럽 여행 중인 김딴지 변호사와 나먹보 조수가 예루살렘 여행에 이어 찾은 두 번째 여행지다. 비잔티움 제국의 수도였던 콘스탄티노플에 세워진 성 소피아 대성당은 처음에는 기독교 대성당으로 지어졌다가, 콘스탄티노플이 오스만 제국의 지배를 받게 되자 이슬람교 사원이 되었고, 현재는 박물관으로 쓰이고 있다.

성당에 들어선 김딴지 변호사는 40여 개의 창문이 머금은 오색찬란한 빛을 감상하며 혼자 중얼거렸다.

"역시 비잔티움 건축의 대표적인 걸작이야! 자연의 빛을 이용해 이렇게 보석처럼 찬란한 빛을 만들어 내다니! 역시 와 보길 잘했다니까! ……그런데 이런 곳은 아름다운 신부와 신혼여행으로 왔어야

성 소피아 대성당. 터키의 이스탄불에 있는 세계에서 가장 큰 비잔티움 양식의 성당으로 '하기아 소피아'라고도 불립니다. 원래는 기독교의 대성당으로 지어졌지만 터키 지배 때 이슬람교 사원이 되었으며, 지금은 국립 박물관이 되어 있습니다.

하는데……. 휴."

지상 세계에서 결혼 한 번 못해 보고 역사공화국에 온 김딴지 변호사는 갑자기 자기 신세가 서글퍼졌다. 바로 그때, 어디선가 그의 상념을 깨려는 듯 소란스런 소리가 들려왔다.

"시끄러워라! 이렇게 아름다운 건축물 안에서 소란을 일으키는 사람이 도대체 누구야?"

김딴지 변호사는 혼잣말로 투덜거리며 주위를 둘러보았다. 멀찌감치 입구 쪽에서 나먹보 조수와 경비원이 다투고 있었다.

"나 조수가 또 문제를 일으킨 모양이군. 내가 잠시도 눈을 뗄 수가 없다니까. 아이고, 내 팔자야!"

김딴지 변호사는 마지못해 입구 쪽으로 걸음을 재촉했다. 그리고는 옥신각신 다투고 있는 두 사람에게 다가가 말을 건넸다.

"무슨 일로 그러십니까?"

"변호사님, 잘 오셨어요. 글쎄 사진 몇 장 찍었다고 저를 이렇게 죄인 취급하지 뭐예요."

"이곳은 문화재 보호 구역이라 사진을 찍을 수 없습니다!"

경비원은 두 사람을 보며 단호하게 말했다.

"아, 그래요? 정말 죄송합니다. 제 조수가 잘 모르고 한 일이니 한 번만 봐주세요. 사진은 더 이상 찍지 않겠습니다."

김딴지 변호사는 경비원을 안심시키려는 듯 서둘러 카메라를 가방에 넣었고, 이를 본 경비원은 내키지 않는다는 표정으로 손을 휘저으며 가라고 했다. 김딴지 변호사는 분이 나서 씩씩거리는 나먹보의 팔을 억지로 끌며 성당 밖으로 나왔다. 그리고 조수를 달래기 위해 말을 건넸다.

"비잔티움 제국의 성당을 빼앗아 모스크로 만들더니, 이제는 자기네 문화재인 양 주인 노릇을 하는군."

"그러게요. 콘스탄티노플이 오스만 제국에 점령당하지 않았다면, 성 소피아 대성당은 지금처럼 박물관이 되지 않았을 텐데 말이에요."

"그랬다면 지금쯤 성당에서 아름다운 성가 소리가 들렸겠지……."

그때 이 모든 것을 지켜보던 한 남자가 갑자기 두 사람 사이에 끼어들면서 말했다.

"성 소피아 대성당은 참으로 아름답소. 그 성당 벽에는 어린 예수를 안은 성모 마리아에게 두 명의 황제가 콘스탄티노플과 소피아 대성당을 헌납하는 장면의 모자이크가 장엄한 색채를 뿜어내고 있지요. 그 외에도 화려하면서도 종교적 위엄을 잘 드러내는 다양한 모자이크 그림들이 있어요. 하지만 이제는 성가 소리가 들리지 않는 곳이 되었다오. 다 내 탓이오! 내가 후손을 잘못 두어 일이 이 지경이 되었소."

김딴지 변호사는 어리둥절한 표정으로 갑자기 나타난 남자에게 물었다.

"이봐요! 댁은 뉘시기에 남의 이야기에 끼어들어 푸념을 늘어놓는 것이오?"

"나 말이오? 내가 바로 콘스탄티누스 황제요."

"당신이 기독교를 승인하고 콘스탄티노플을 건설한 바로 그 콘스탄티누스 황제란 말입니까? 그럼 황제께서 말하고자 하는 게 뭡니까?"

"내가 말하고 싶은 건, 메메트 2세에게 빼앗긴 콘스탄티노플을 반환해 달라는 거요. 다시 말해 콘스탄티노플 반환 소송을 의뢰하러 왔소이다."

"소송을 의뢰하러 오셨다고요? 황제께서 소송을 걸려고 하는 사람은 누구이고, 어떤 이유로 재판을 하려는 건지 차근차근 설명해 보시죠. 저는 왜곡된 역사를 바로잡는 전문가이니까요."

"흠흠. 그럼 내가 이야기할 테니 잘 들어요. 내가 소송을 걸려는

사람은 바로 콘스탄티노플을 함락했던 메메트 2세요.”

“메메트 2세요? 그게 누구죠? 처음 듣는 이름인데요.”

“이렇게 역사를 모르고서야 어떻게 역사 전문 변호사라고 하겠소? 잘 들어 보시오. 메메트 2세는 오스만 제국의 7대 술탄으로 비잔티움 제국의 수도인 콘스탄티노플을 함락시킨 장본인이오. 잘 아시겠지만 콘스탄티노플은 내가 공을 들여 건설한 수도지요. 그런데 오

왜 비잔티움 제국은 멸망했을까?

스만 제국이 우리 제국을 탐내고 약탈하더니 끝내는 이곳을 점령해 버렸소. 이 때문에 콘스탄티노플은 옛 모습을 모두 잃어버리고 말았다오. 그래서 내가 세계사법정에 소송을 내려는 것이오.

"아, 그런 사연이 있었군요."

"나는 콘스탄티노플을 다시 돌려받을 생각은 없소. 다만 저들이 과거의 잘못을 뉘우치고, 또 콘스탄티노플의 모습만이라도 회복할 수 있다면 만족하겠어요."

"알겠습니다. 제가 이 소송을 맡겠습니다."

오스만 제국

이슬람교의 경전, 코란

가브리엘의 계시를 받은 마호메트는 알라의 가르침을 전하기 위해 이슬람교를 창시합니다. 마호메트는 "알라 외에 다른 신은 없다"고 설교하였지요. 이러한 내용을 담은 경전이 바로 이슬람교의 경전인 『코란』입니다. 이슬람교는 현재 기독교, 불교와 함께 세계 3대 종교 중 하나이지요.

이슬람교를 믿는 지역을 이슬람 세계라고 하는데, 이슬람 세계에서 번영하던 튀르크계의 셀주크 왕조는 십자군 전쟁과 여러 부족의 반란 등으로 약해져서 12세기 중엽에는 작은 나라로 나뉘게 됩니다.

그러다 13세기 말에 오스만 베이라는 지도자가 나타나 튀르크 족의 나라를 세우고 '오스만 제국'이라고 칭하지요. 1326년 오스만 베이가 죽자 아들인 오르한이 자리를 잇게 되고, 비잔티움 제국과의 전쟁을 시작합니다. 오스만 군대는 패하는 일이 없을 정도로 그 용맹함이 하늘을 찔렀다고 합니다.

오르한이 죽고 그 뒤를 이어 지도자가 된 무라트 1세는 바다 건너 발칸 반도까지 진출합니다. 유럽에서 십자군이 원정을 오기도 했지만, 튀르크 군은 십자군을 물리치고 발칸 반도 대부분을 차지했지요. 이런 우여곡절 끝에 메메트 2세가 즉위합니다. 메메트 2세는 콘스탄티노플에서 가까운 보스포루스 해협에 새로운 성을 쌓기 시작합니다. 비잔티움 제국의 군함이 해협을 통과하지 못하도록 막기 위해서였지요.

만반의 준비를 한 오스만 대군은 1453년 콘스탄티노플로 쳐들어갑니다. 결국 콘스탄티노플은 함락되고, 지중해를 중심으로 번영을 누리던 비잔티움 제국은 멸망하고 맙니다. 메메트 2세는 콘스탄티노플을 새로운 수도로 정하고 이슬람 도시로 만들어 나갑니다.

| 원고 ｜ 콘스탄티누스 1세 | 대리인 ｜ 김딴지 변호사 |
| 피고 ｜ 메메트 2세 | 대리인 ｜ 이대로 변호사 |

청구 내용

나는 콘스탄티노플을 세울 때 로마를 그대로 옮겨 놓은 것처럼 만들기 위해 심혈을 기울였습니다. 그리고 기독교를 승인하여 비잔티움 제국 안에서는 박해받는 종교가 없도록 노력했지요. 그런데 오스만 튀르크 족이 나의 이러한 소망을 짓밟아 버렸습니다.

튀르크 족은 13세기 중엽 몽골 인의 침입을 피해 비잔티움 제국의 국경으로 흘러 들어온 자들입니다. 몽골 인을 피해 소아시아로 이동해 왔다면 자신들을 받아 달라고 비잔티움 제국에 요청하는 것이 이치에 맞다고 봅니다. 하지만 튀르크 족은 그렇게 하지 않았습니다. 오히려 이들은 우리 비잔티움 제국이 수도를 소아시아의 니케아에서 콘스탄티노플로 옮기는 것을 틈타 소아시아의 동부 지역을 공격해 점령해 버렸습니다. 그러더니 1453년에는 콘스탄티노플까지 함락하고, 세르비아와 불가리아 등 남슬라브의 여러 국가들을 자신들의 손아귀에 넣어 버렸습니다.

나는 남의 땅을 함부로 약탈하고 점령하는 것은 강도나 할 짓이지 명색이 한 국가가 할 짓은 아니라고 생각합니다. 또한 생명의 위협을 느껴 비잔티움의 소아시아 동부 국경선 지역 일부를 점령한 것은 어쩔 수 없는 일이라 인정하더라도, 차츰 야욕이 커져 훗날 소아시아 지역 전체를 점령한 것은 문제가 있다고 생각합니다.

나는 이 소송을 통해 국가를 완전히 되돌려받을 생각은 없습니다. 다만 튀르크 족이 과거의 잘못을 뉘우치고 이스탄불을 우리에게 돌려주어 1453년 초 콘스탄티노플의 모습만이라도 회복할 수 있다면 만족할 것입니다. 이에 소송을 제기하는 바입니다.

입증 자료

- 중학교 사회 교과서
- 고등학교 세계사 교과서
  그 외 자료 추후 제출하겠음.

위 청구인 콘스탄티누스 1세
역사공화국 세계사법정 담당 판사 귀하

튀르크 족의
소아시아 정복은 정당한가?

1. 콘스탄티노플은 왜 중요할까?
2. 셀주크 튀르크는 왜 소아시아를 유린했을까?

1

콘스탄티노플은
왜 중요할까?

"메메트 2세가 고소를 당했다고? 알라 신의 대리자인 오스만 제국의 술탄이 고소를 당했다고?"

"글쎄, 그렇다네. 그가 비잔티움 제국으로부터 콘스탄티노플을 빼앗고, 성 소피아 대성당도 모스크로 만들었잖아. 그러니 고소를 당한 것이겠지."

"메메트 2세가 콘스탄티노플을 침략할 수밖에 없었던 나름의 이유가 있었겠지. 안 그래?"

"맞아, 그럴 수도 있겠다!"

방청객들은 콘스탄티누스 1세와 메메트 2세의 재판을 기다리며 대화를 나누고 있었다. 이윽고 법정 앞쪽 문이 열리고 검은 법복을 입은 판사가 들어와 자리에 앉았다.

판사 원고 측 변호인, 오늘의 사건에 대해 설명해 주세요.

김딴지 변호사 판사님, 오늘 재판은 비잔티움 제국의 황제인 콘스탄티누스 1세가 오스만 제국의 술탄인 메메트 2세를 고소한 사건입니다. 원고의 주장에 따르면, 튀르크 족은 중앙아시아의 서쪽에서 살다가 몽골 인의 침입을 받고 자신들의 터전에서 쫓겨나 비잔티움 제국의 영토인 소아시아의 동쪽으로 이동해 왔다고 합니다.

판사 그렇다면 튀르크 족은 몽골 인의 침입을 피해 비잔티움 제국으로 이동해 온 불쌍한 사람들이군요.

김딴지 변호사 판사님, 섣부른 판단은 금물입니다! 만약 이들이 비잔티움 제국에 자신들을 받아 달라고 정중하게 부탁했다면, 저도 판사님처럼 이들을 불쌍하다고 생각했을 것입니다. 그런데 이들은 그렇게 하지 않았습니다. 그러니 비잔티움 제국의 황제가 세계사법정에 소송을 내신 것 아닙니까?

판사 그런가요? 내가 성급했군요. 흠흠. 그렇다면 도대체 무엇 때문에 소송을 하게 된 건가요? 김딴지 변호사, 소송을 제기한 이유를 더 자세히 말씀해 주세요.

김딴지 변호사 알겠습니다. 제가 설명하는 것을 들으시면 아마 다들 기가 차서 뒤로 넘어질지도 모르겠습니다. 앞서도 말씀 드렸지만, 튀르크 족은 몽골 인의 침입을 피해 비잔티움 제국의 영토로 이

술탄
이슬람교에서 종교적 최고 권위자를 칼리프라고 하고, 이 칼리프가 수여한 정치적 지배자의 칭호를 '술탄'이라고 합니다.

비잔티움 제국
로마 황제 테오도시우스 1세의 사망 이후 동서로 분열된 중세 로마 제국 중 동로마 제국을 가리킵니다. 제국의 수도는 콘스탄티노플로 '콘스탄티누스의 도시'라는 뜻입니다. 유스티니아누스 1세 황제와 헤라클리우스 황제 때 전성기를 누렸습니다.

소아시아
아시아 대륙의 서쪽 끝으로, 흑해·마르마라 해·에게 해·지중해 등에 둘러싸인 반도를 가리킵니다. '태양이 떠오르는 곳' 또는 '동방의 땅'을 의미하는 그리스 어 '아나톨레'에서 유래된 말인 '아나톨리아'로 부르기도 하지요.

인지상정
사람이면 누구나 가지는 보통의
마음을 뜻합니다.

발칸 반도
유럽 남부, 지중해 동부에 돌출
한 삼각형의 반도를 가리킵니다.

동해 왔습니다. 그렇다면 당연히 비잔티움 제국에 자신들을 받아 달라고 부탁하는 것이 인지상정 아니겠습니까? 만약 이들이 자신들을 받아 달라고 부탁했다면, 콘스탄티누스 황제는 예수 그리스도의 사랑을 본받아 저들에게 소아시아 동부의 아르메니아 지역에 살도록 허락해 주었을 것입니다. 그랬다면 셀주크 튀르크 족 내에서 오스만 제국이 생겨나지도 않았을 것입니다.

아르메니아는 유프라테스 강 상류에 위치한 지역으로 국토의 90퍼센트가 해발 고도 1000미터가 넘는 고산지이지만, 북서부에는 아라라트 평야가 있고 자연 호수도 100개 이상 있어 자급자족하면서 살 수 있는 곳이니까요. 그런데 이들은 부탁을 하기는커녕 허락도 없이 비잔티움 제국의 영토에 자리를 잡고는 제국 내 이곳저곳을 침입했습니다. 그리고는 마치 굶주린 늑대처럼 땅과 물건을 빼앗아 가는 등 흉악한 짓을 일삼았습니다.

판사 비잔티움 제국의 입장에서는 화가 날 법도 하군요.

김딴지 변호사 맞습니다. 그런데 여기까지는 참을 수 있습니다. 새로 이동해 온 터라 먹을 것이 없어서 그랬을 수도 있겠지요. 하지만 이들은 여기에서 그친 것이 아니라, 탐욕을 부리며 소아시아뿐만 아니라 발칸 반도까지 정복했고, ▶심지어는 비잔티움 제국의 수도인 콘스탄티노플까지 자신들의 수중에 넣어 버렸던 것입니다.

한마디로 굴러 온 돌이 박힌 돌을 뺀 격이지요! 또한 셀

교과서에는

▶ 유스티니아누스 황제가 죽고 난 뒤 비잔티움 제국은 쇠퇴와 확장을 반복하다 셀주크 튀르크의 침입으로 소아시아 지역을 빼앗깁니다.

주크 튀르크를 이어받은 오스만 제국은 소아시아 전체를 정복하고
나아가 1453년 비잔티움 제국의 수도인 콘스탄티노플을 함락시킨
후 세르비아와 불가리아 등 남슬라브 제국들까지 정복했
습니다. 이것은 누가 보아도 납득할 수 없는 짓이지요. 그
러니 콘스탄티노플을 공들여 만든 ▶콘스탄티누스 황제가
소송을 걸지 않을 수 있겠습니까?

결국 이 건은 원고인 비잔티움 제국의 황제가 튀르크 족

교과서에는

▶ 콘스탄티누스 황제는 4세
기 초에 활동하였으며 제국
을 다시 통일한 인물입니다.

의 술탄에게 영토의 완전한 반환은 아니더라도 최소한 과거의 잘못
을 뉘우치고 이스탄불을 원래의 주인에게 돌려 달라고 요구하는 영
토 반환 청구 소송입니다.

김딴지 변호사가 이처럼 콘스탄티누스 황제가 메메트 2세를 고소
한 이유에 대해 설명하자, 법정이 순식간에 술렁거렸다.
"550년도 더 지난 사건인데 이제 와서 땅을 돌려 달라니 말이나
되는 소리야?"
"오죽 억울했으면 그랬겠어? 난 이해가 가는데."

판사　　조용히 해 주세요! 여기는 엄숙한 법정입니다.

웅성거리던 소리가 조금씩 잦아들더니 이내 고요해졌다.

판사　　원고 측의 입장을 잘 들었습니다. 다음으로 피고 측의 입장
을 들어 보도록 하겠습니다. 피고 측 변호인이 말씀해 주세요.

김딴지 변호사가 말을 마치고 자리에 앉자, 코웃음을 치고 있던
이대로 변호사가 자리에서 일어나 나왔다.

이대로 변호사　　원고 측 변호인은 자신들의 입맛에 맞게 이야기를
엮는 재주가 있는 것 같습니다. 분명히 말씀드리지만, 메메트 2세는

원고 측의 주장처럼 세계를 정복하려는 야욕을 가졌던 술탄이 아니었습니다. 그가 콘스탄티노플을 점령한 것은 오스만 제국 선왕들의 유업에 따른 것이자, 오스만 제국의 이익을 위해 반드시 해야만 하는 일이었습니다.

여러분, 한번 생각해 보십시오. ▶한 나라를 다스리고 경영하는 지도자가 자신을 믿고 따르는 백성의 이익을 위해 최선을 다하는 것은 당연한 일 아닙니까? 그런데 이를 가지고 소송을 걸다니, 참으로 어이가 없습니다. 그런 식으로 따지자면 비잔티움 제국도 마찬가지일 것 같은데요. 여러분, 그렇게 생각하지 않으십니까?

메메트 2세 옳소! 비잔티움 제국도 광대한 영토를 차지하기 위해서 얼마나 많은 이민족들을 해쳤는지 모른다오. 그러니 제 눈에 든 들보는 못 보면서 남의 눈에 든 티끌을 보고 비난하는 형세가 아니겠소? 콘스탄티누스 황제가 나에게 이렇게 소송을 건 것을 보니 아마도 그는 자신의 후손들이 무슨 짓을 했는지 전혀 모르고 있나 봅니다. 하하하.

콘스탄티누스 1세 아니, 뭐요? 새까맣게 어린 녀석이 건방지게 함부로 떠들어 대는구먼!

메메트 2세의 말을 듣고 있던 콘스탄티누스 1세는 화가 치밀어 얼굴이 붉으락푸르락해져서는 자리에서 일어나 피고석으로 달려들었다. 그러자 법정 경위 두 명이 콘스탄티누스 1세에게 달려들어 양팔을 부여잡고는 억지로 자리

에 앉혔다.

이를 지켜보던 판사가 판사봉을 두드린 후 입을 열었다.

판사 양측 모두 진정하세요. 법정 안에서 소란을 일으키는 행위
는 그 어떤 것도 용납하지 않겠습니다.

콘스탄티누스 1세, 메메트 2세 네, 알겠습니다.

판사　　그럼 계속 재판을 진행하도록 하겠습니다. 피고 측 변호인, 아까 이야기했던 부분부터 이어서 말씀해 주세요.

이대로 변호사　　원고 측에서는 오스만 제국이 콘스탄티노플을 강제로 빼앗아 갔다면서 피고를 마치 강도나 되는 양 취급하고 있습니다. 그러나 사실은 전혀 그렇지 않습니다.

당시 비잔티움 제국은 베네치아, 제노바, 세르비아, 헝가리, 불가리아 등 많은 나라들로부터 공격받고 있었습니다. 이 때문에 비잔티움 제국은 스스로 버티기 힘든 상황이었지요. 그래서 튀르크 족이 비잔티움 인을 돕기 위해 용병으로 대신 전투에 참여하거나, 혹은 군사 원조를 해 주기도 했습니다.

그런데도 그들은 정신을 차리지 못하고 황제 자리를 두고 서로들 다투며 내부 분열을 일으켜 스스로 약화되어 갔어요. 그렇기 때문에 튀르크 족이 비잔티움 제국을 멸망시킨 것이 아니라, 자신들 스스로 멸망의 길을 택한 것이라고밖에 할 수 없습니다. 오스만 제국이 비잔티움 제국을 멸망시키지 않았더라도 비잔티움 제국은 분명 유럽의 다른 나라들에 의해 멸망했을 것입니다.

"비잔티움 제국의 지배층이 황제 자리를 두고 서로 다투다가 나라를 빼앗긴 거로군."

"맞아, 그런가 봐. 그렇다면 오늘 재판은 피고 측에게 유리하겠는걸."

"글쎄, 그건 두고 봐야 알지. 어디 한번 지켜보자고."

양측의 주장을 들은 방청객들 사이에 의견이 분분했다.

이대로 변호사　판사님, 또한 방금 원고 측 변호인은 셀주크 튀르크족이 망명자의 자세로 비잔티움 제국에 도움을 요청했다면 이들을 소아시아 동부 아르메니아 지역에 받아 주었을 것이라고 주장했습니다. 그러나 아르메니아는 전체 면적 중에서 경작할 수 있는 땅이 16.78%이고 농경지는 2.01%밖에 되지 않는 척박한 곳이었습니다. 그러니 먹을 것을 찾아 소아시아를 공격할 수밖에 없었던 것입니다.

판사　잘 들었습니다. 양측의 주장이 첨예하게 대립하는군요. 자, 그럼 양측의 입장을 들어 봤으니 이제 본격적으로 재판을 시작하겠습니다. 어느 측에서 먼저 변론하시겠습니까?

김딴지 변호사　판사님, 먼저 원고를 불러 이 사건에 대해 조금 더 자세하게 듣고 싶습니다.

판사　좋습니다. 원고는 나와서 먼저 간단히 자기소개를 해 주십시오.

비장한 얼굴을 한 원고 콘스탄티누스 황제가 앞으로 걸어 나왔다.

콘스탄티누스 1세　나는 콘스탄티누스 1세라 하오. 로마 제국의 황제로서 로마 제국이 쇠퇴해 갈 무렵 어떻게 하는 것이 로마 제국을 살리는 길일까 고민했지요. 나의 바로 앞 황제였던 ▶디오클레티아누스 황제는 군대, 화폐, 세금 제도를 개혁함으로써 쓰러져 가는 로마 제국을 일으켜 세

왜 비잔티움 제국은 멸망했을까?

우려고 노력하셨어요. 나 역시 그분의 개혁을 이어 나라를 변화시키려고 노력했소. 그래서 **밀라노 칙령**을 공포하여 신앙의 자유를 인정했고, 교회의 사법권과 재산권 등을 인정해 주었지요. 뿐만 아니라 비잔티움 제국에 기독교적 도시인 콘스탄티노플을 건설해 수도로 삼기도 했소이다.

김딴지 변호사   원고는 워낙 유명하신 분이라 아마 여기 계신 판사님이나 방청객 여러분도 잘 알고 계시리라고 생각됩니다.

콘스탄티누스 1세   내가 좀 유명하긴 하지. 어험.

김딴지 변호사의 말에 콘스탄티누스 황제는 우쭐한 듯 입가에 미소를 띠었다.

김딴지 변호사   그런데 한 가지 궁금한 점이 있습니다. 방금 원고는 비잔티움 제국을 일으켜 세우기 위해 콘스탄티노플을 비잔티움 제국의 새로운 수도로 삼았다고 말씀하셨는데, 그 이유가 도대체 무엇입니까?

콘스탄티누스 1세   김 변호사는 혹시 알렉산더 대왕에 대해 아시오?

김딴지 변호사   알다마다요. 그리스, 페르시아, 인도에 이르는 대제국을 건설하여 ▶그리스 문화와 오리엔트 문화를 융합시켜 새로운 헬레니즘 문화를 이룩했던 마케도니아

비잔티움 제국의 수도 콘스탄티노플, 오늘날 터키의 최대 도시인 이스탄불을 말합니다.

의 왕이잖습니까!

콘스탄티누스 1세　　오호, 역사 전문 변호사라고 하더니 역시 대단하오.

김딴지 변호사　　과찬이십니다. 이 정도야 상식이지요! 흐흣.

콘스탄티누스 1세　　마케도니아의 알렉산더 대왕은 기원전 333년 이수스 전투에서 페르시아를 정복한 후, 군대를 이끌고 북인도까지 진격했소이다. 이때 우리 서양인은 처음으로 동양 문명과 접촉하게 되었고, 이러한 새로운 경험을 통해 우리는 서양을 중심으로 한 편협한 세계관에서 벗어나게 되었다오. 지금 생각하면 별것 아니겠거니 할지도 모르지만, 그때 당시에는 동양 문명이 우리에게 상당히 새로운 자극이 되었소.

김딴지 변호사　정말 그랬겠군요.

콘스탄티누스 1세　이렇게 세상을 인식하는 틀이 넓어지자, 지중해 한가운데 있던 로마는 더 이상 중심적인 역할을 하지 못하게 되었어요. 동방과 가까운 곳에 자리 잡은 새로운 도시가 우리에게 필요했던 거지요. 그래서 나는 로마를 대신할 새로운 수도의 후보지를 찾아 니케아, 니코메디아 등 여러 지역을 직접 돌아다녀 보았소. 하지만 콘스탄티노플처럼 여러 가지 조건이 맞는 곳은 달리 없었소이다.

김딴지 변호사　어떤 조건이 그리 잘 맞았던 것인가요?

콘스탄티누스 1세　콘스탄티노플은 상업적으로 아주 중요한 위치에 있었어요. 이곳은 중국에서 시작되는 비단길이 유럽으로 연결되는 곳이므로 동서 교역에서도 대단히 중요한 곳이었지요. 아시아에서 유럽으로 가는 물품과 유럽에서 아시아로 가는 물품의 대부분은 반드시 이곳을 경유해야 했으니 말이오. 그리고 당시 콘스탄티노플의 인구가 약 50만 명으로, 유럽에서 사람들이 가장 많이 모여 살고 있었어요. 그렇다 보니 큰 시장이 형성될 수 있어서 동서 각 나라의 상인들이 대거 모여드는 매력적인 곳이었지요.

김딴지 변호사　그랬군요. 그 밖에도 콘스탄티노플을 수도로 삼게 된 또 다른 이유가 있었나요?

콘스탄티누스 1세　그렇소. 콘스탄티노플은 앞과 옆 다시 말해 삼면이 바다로 둘러싸여 있고 북쪽에는 산들이 있어서 자연적인 방어 체제가 갖추어져 있었어요. 또 삼면이 바다이다 보니 해상 세력을 키

비단길

내륙 아시아를 횡단하여 중국과 서아시아, 지중해 연안 지방을 연결하였던 고대의 무역로예요. 고대 중국의 특산물인 비단을 서방의 여러 나라에 가져간 데서 본 말입니다.

울 수도 있었지요. 이는 제국의 안전을 위협하는 페르시아를 견제하고, 다뉴브 강 하류 지역에 사는 사르마티아 인과 흑해 북부 지역에 사는 동고트 족의 침입을 방어할 수 있는 지리적 이점이 되었다오. 뿐만 아니라 이 지역을 잘 방어함으로써 서방 세계를 지키는 보루 역할을 해낼 수도 있었지요.

김딴지 변호사 그러니까 콘스탄티노플은 경제적·군사적 측면에서 여러 가지 이점이 있었던 것 외에도, 외부 세력으로부터 서방 세계를 지켜 줄 수 있는 중요한 곳이었다는 말씀이시군요?

콘스탄티누스 1세 그렇소이다. 그러니 오스만 튀르크 족이 콘스탄티노플을 정복했다는 것은 서방인에게는 모욕적인 일이 아닐 수 없었소.

김딴지 변호사 정말 그랬겠군요.

왜 비잔티움 제국은 멸망했을까?

셀주크 튀르크는 왜
소아시아를 유린했을까?

2

판사   콘스탄티노플에 대한 설명을 잘 들었습니다.

김딴지 변호사   오스만 제국의 술탄 오르한 1세, 무라트 1세, 바예지트, 무라트 2세는 끝없는 야욕에 사로잡혀 비잔티움 제국의 영토를 야금야금 집어삼키면서 괴롭혔습니다. 그리고 메메트 2세는 비잔티움 제국을 괴롭히는 것으로도 모자라 콘스탄티노플을 점령함으로써 비잔티움 제국의 숨통을 완전히 끊어 놓았습니다. 배은망덕한 일이지요.

이대로 변호사   이의 있습니다, 판사님. 원고 측 변호인은 오스만 제국이 콘스탄티노플을 점령했다는 이유만으로 터키 인 모두를 마치 주인을 배반한 배은망덕한 사람인 양 매도하고 있습니다. 그렇다면 과거에 전쟁을 통해 영토를 넓힌 영웅들이 모두 배은망덕한 사람들이란 말입니까? 그렇게 따지자면 비잔티움 제국도 로마 인이 동지중해 지역을 점령하여 세운 나라가 아닙니까! 그렇다면 비잔티움 제국의 황제들도 배은망덕한 자들이지요. 존경하는 판사님, 그리고 배심원 여러분, 그렇지 않습니까?

판사　인정합니다. 원고 측 변호인은 조심해 주세요.

이대로 변호사　판사님, 요한네스 2세(재위 1118~1143)가 죽은 다음 아버지의 죽음에 연루되었다는 혐의를 받고 있는 마누엘 1세(재위 1143~1180)가 황제가 되었던 사건이나, 마누엘 1세의 아들 알렉시우스 2세가 어린 나이에 황제로 취임하자 마누엘 1세의 사촌 안드로니쿠스(재위 1183~1185)가 반란을 일으켜 공동 황제가 된 후 알렉시우스 2세를 살해했던 사건, 이사아키우스 2세(재위 1185~1195)의 두 눈을 뽑고 쫓아낸 그의 형 알렉시우스 3세(재위 1195~1203)의 찬탈 사건 등으로 미루어 볼 때, 비잔티움 제국은 12세기에 이미 나라가 취약했으며 황제들은 나라를 제대로 지킬 수 없었다는 것을 알 수 있습니다.

그렇기 때문에 오스만 제국이 콘스탄티노플을 정복한 것은 비잔티움 황실의 피비린내 나는 싸움으로부터 비잔티움 인을 구해 낸 것이라 할 수 있습니다. 다시 말하자면, 황실의 다툼으로 인해 생긴 국가의 총체적 불안을 매듭짓고 오스만 제국이 비잔티움 제국을 이어 감으로써 새로운 강대국으로의 꿈을 가질 수 있게 되었다는 것입니다.

김딴지 변호사　피고 측 변호인의 말은 논리적으로 맞지 않습니다. 비잔티움 황실에 다툼이 있었던 것은 사실이지만, 이 다툼이 항상

계속되었던 것은 아닙니다. 라스카리스 왕조(1204~1261) 시대나 팔레올로고스 왕조(1261~1453) 시대 초기는 상당히 안정되었습니다. 그리고 비잔티움 제국의 긴 역사만큼이나 훌륭한 황제들도 많았고요.

이대로 변호사 판사님, 지금 원고 측 변호인은 증거도 없이 자신의 생각을 이야기하고 있습니다.

판사 원고 측 변호인은 증거도 없이 말씀하는 것은 아니겠지요?

김딴지 변호사 증거가 없다니요? 이런 일이 있을 것 같아

비잔티움 제국

비잔티움 제국의 왕조는 다음의 순서로 이어집니다. 콘스탄티누스 왕조(324~378)-테오도시우스 왕조(379~518)-유스티니아누스 왕조(518~610)-헤라클리우스 왕조(610~717)-이사우리아 왕조(717~820)-아모리아 왕조(820~867)-마케도니아 왕조(867~1056)-두카스 왕조(1059~1078)-콤네노스 왕조(1081~1185)-앙겔로스 왕조(1185~1204)-라스카리스 왕조(1204~1261)-팔레올로고스 왕조(1261~1453)

증인을 모셨습니다. ▶6세기 전반기에 비잔티움 제국을 과거 서로마 지역으로 확장시키고 『로마법 대전』을 편찬해서 후세의 법전 편찬에 큰 영향을 끼쳤던 유스티니아누스 황제를 증인으로 신청합니다.

판사　허락합니다. 증인 유스티니아누스는 증인석으로 나와서 선서해 주시기 바랍니다.

유스티니아누스 황제　선서! 나, 유스티니아누스는 양심에 따라 숨김과 보탬이 없이 진실만을 말할 것을 맹세합니다.

유스티니아누스 황제는 증인 선서를 하고 증인석에 앉았다.

판사　증인, 자기소개를 간단히 해 주십시오.

유스티니아누스 황제　나는 삼촌인 유스티누스 1세에 이어 527년부터 565년까지 비잔티움 제국의 황제로서 제국을 통치했어요. 비잔티움 제국의 영토를 넓히고 여러 가지 제도를 개혁했으며, 하기야 소피아를 재건하는 등 많은 업적을 쌓았습니다. 교회에 대한 열정과 헌신을 인정한 그리스 정교회로부터 성인의 칭호와 함께 '대제(大帝)'라는 칭호를 받았습니다.

유스티니아누스 황제의 자기소개가 끝나자 김딴지 변호사가 곧장 그에게 다가갔다. 그리고 유스티니아누스 황제에게 질문을 던졌다.

교과서에는

▶ 유스티니아누스는 비잔티움 제국의 가장 위대한 왕 중 한 명이며, 교회에 대한 열정과 헌신으로 그리스 정교회로부터 성인의 칭호와 대제의 칭호를 받았습니다.

김딴지 변호사 이렇게 뵙게 되어 정말 반갑습니다. 먼저 간단한 질문부터 하겠습니다. 증인의 이름은 왜 '유스티니아누스'인가요?

유스티니아누스 황제 사실 내 이름은 '플라비우스 페트루스 사바티우스 유스티니아누스(Flavius Petrus Sabbatius Iustinianus)'입니다. 대부분의 역사책에는 내 이름을 그냥 '유스티니아누스'라고 기록하고 있더군요. 그래서 거의 모든 사람들이 나를 '유스티니아누스'라고 부르지요. '유스티니아누스'라는 이름의 뜻은 '명확화'입니다.

김딴지 변호사 무얼 명확하게 하시려고 그런 이름을 사용하셨습니까?

유스티니아누스 황제 나는 멸망한 서로마 제국을 다시 재건하여 옛 로마 제국의 영광을 부활시키려고 했는데, 아마 이것이 나의 '명확화'인 것 같습니다. 나는 이를 위해 과거 서로마 제국 지역인 북아프리카, 이탈리아, 그리고 에스파냐의 일부를 다시 정복했어요. 그리고 로마법을 새로 편찬하여 법제를 새롭게 만들었는데, 이것도 나의 '명확화'인 것 같습니다. 과거의 로마법은 너무 양이 많아 판사들도 그 내용을 모두 기억하지 못했어요. 그렇다 보니 유사한 사건인데도 형량이 3년 혹은 5년, 7년으로 제각각이었지요.

김딴지 변호사 당시의 비잔티움 제국과 튀르크 족의 관계에 대해서 말씀해 주시겠습니까?

유스티니아누스 황제 먼저 초기 비잔티움 제국의 동지중해 도시들의 번영과 비단길을 통한 무역에 대해 말씀드린 후에 튀르크 족과의 관계에 대해 말씀드리겠습니다. 동지중해 주요 도시들의 인구는 콘스탄티노플이 40~50만 명 정도, 안티오키아 20만 명, 알렉산드리아와 테살로니카 10만 명, 그리고 아파메이아, 에페수스, 카에사레아, 예루살렘 등은 5만~10만 명, 그 외 지방의 수도들은 1만5000~5만 명 정도였습니다. 인구가 이렇다 보니 도시 장인들의 작업이 활성화되어 국내에서 생산과 판매가 잘 이루어졌을 뿐만 아니라 비단길을 통한 교역도 활발해졌지요.

김딴지 변호사   당시 교역 물품에는 어떤 것들이 있었나요?

유스티니아누스 황제   지중해 교역의 가장 중요한 물품은 포도주와 올리브 기름이었어요. 그리고 콘스탄티누스 황제 시대부터 유리 제품의 생산과 유통이 중요해져서 유리 제품에는 관세를 매기지 않았지요. 그 외에 직물, 금속 세공, 보석 세공, 비단, 도자기 등도 중요한 교역 물품이었습니다.

김딴지 변호사   대외 교역은 어떠했습니까?

유스티니아누스 황제   비잔티움 제국의 교역 정책은 수출보다는 비단의 수입에 치중해 있었어요. 중국에서 로마로 수입된 비단은 율리우스 카이사르(BC100~BC44) 시대부터 인기를 누려, 테오도시우스 2세(408~450) 시대를 거쳐 내가 다스릴 때까지 중요하게 대접받았지요. 하지만 페르시아와의 전쟁 때문에 비단 수입에 문제가 생기자, 크림 반도의 거점인 케르손과 보스포루스로부터 카프카스 지방의 라지카를 지나는 우회로를 이용했습니다.

나는 이 우회로를 통해 중앙 코카서스의 알란 족과 연계하면서 흑

해-카스피 해를 통과하여 중앙아시아를 잇는 힘들고 위험한 교역에 치중했어요.

유스티니아누스 황제가 튀르크 족에 대한 이야기를 곧바로 하지 않고 주변 이야기만 하자, 김딴지 변호사가 손을 들어 그의 말을 끊었다.

김딴지 변호사   증인, 말을 끊어서 죄송합니다. 제가 역사책을 통해 얻은 지식으로 볼 때 그 당시 튀르크 족과 처음 접촉하신 것으로 알고 있는데, 제 말이 맞습니까?

초원길

몽골, 남부 시베리아, 중국 화베이, 흑해 북안을 잇는 교통로를 가리키는 말입니다. 예전에 이 길로 유목 민족이 이동하였으며 서방 문화가 동방으로 전해졌지요.

유스티니아누스 황제　네. 바로 이때 튀르크 족과 처음으로 접촉하게 되었어요. 튀르크 족은 555년에 유연을 멸망시키고 초원길을 따라 광대한 제국을 건설했는데, 이때부터 우리는 중앙아시아의 튀르크 족을 통해 멀리 동쪽에 위치한 고구려와 교역을 시작했습니다.

　당시 우리 비잔티움 제국의 교역품 가운데는 시리아-팔레스타인 그리고 이집트에서 만든 유리 용기도 있었는데, 그 일부가 1973년부터 1975년 사이 황남 대총 발굴 때 신라의 수도였던 경주에서 출토되었으며 천마총, 금령총, 서봉총 등에서도 여러 점이 출토되었지요. 이처럼 우리는 튀르크 족과 교역을 통해 좋은 관계를 유지했을 뿐 아니라 이런 좋은 관계를 통해 정치적·군사적으로 페르시아를 견제하기도 했습니다.

　지루한 표정으로 원고 측의 변론을 듣고 있던 이대로 변호사가 갑자기 탁자를 치며 일어났다.

이대로 변호사　존경하는 판사님, 그리고 배심원 여러분, 증인의 이야기를 잘 들으셨지요? 그의 이야기는 비잔티움 제국의 말기 상황과는 전혀 상관없는 것입니다. 다시 말해 오늘 재판의 주제를 비켜간 이야기만 나열하고 있습니다. 판사님, 제가 원고 측 증인에게 질문해도 되겠습니까?

판사　그렇게 하세요.

　왜 비잔티움 제국은 멸망했을까?

이대로 변호사   증인은 왜 튀르크 족이 훗날 이슬람 지역으로 진출했다고 생각하십니까?

유스티니아누스 황제   그것은 내가 죽고 나서 한참 지난 뒤의 일이라 이 자리에서 뭐라 말할 수는 없지만, 그들에게도 나름의 이유가 있었을 것으로 생각됩니다.

이대로 변호사   증인은 그 이유가 무엇이라고 생각하십니까?

유스티니아누스 황제   튀르크는 한자로 '돌궐(突厥)'이라 하는데, 내

돌궐

6세기 중엽 알타이 산맥 부근에서 일어나 약 2세기 동안 몽골 고원에서 중앙아시아에 걸친 지역을 지배한 터키계 유목 민족입니다.

가 비잔티움 제국을 통치하던 말기인 6세기 중엽에 제국을 건설했습니다. 이 당시 그들은 북쪽 캅카스까지 지배했어요. 7세기 중엽에 튀르크는 동튀르크(동돌궐)와 서튀르크(서돌궐)로 나누어졌고, 서튀르크 내에서 억압받고 있던 투르기스 족이 세력을 확장했지요. 8세기 초가 되면서 이슬람 군은 중앙아시아에 대한 진출을 본격화합니다. 이로써 721년 사마르칸트에서 투르기스 족과 이슬람 군 간에 전투가 벌어졌죠. 이 전투에서 이슬람 군이 패배했습니다.

이때 갑자기 손을 들어 유스티니아누스 황제의 말을 끊은 이대로 변호사가 판사와 배심원을 향해 말했다.

이대로 변호사　존경하는 판사님, 그리고 배심원 여러분, 지금 증인은 튀르크 족이 훗날 이슬람 지역으로 진출하게 된 이유에 대하여 이슬람 군이 먼저 중앙아시아로 본격적으로 진출하면서 전투가 벌어졌다고 말하고 있습니다. 다시 말해, 튀르크 족이 이슬람 지역으로 처음부터 공격하면서 진출한 것이 아니라, 이슬람 군이 튀르크 족을 먼저 화나게 만들었다는 것이죠.

판사　피고 측 변호인은 튀르크 족의 이슬람 지역 진출에 대해 이슬람 군이 먼저 공격해 와 어쩔 수 없이 전투가 벌어졌고 그 결과 튀르크 족이 이슬람 지역으로 진출하게 되었다고 말씀하시려는 것입니까?

이대로 변호사　저는 그렇게 생각합니다.

이때 갑자기 김딴지 변호사가 자리에서 일어났다.

김딴지 변호사　　판사님, 피고 측 변호인의 말대로 이슬람 군이 먼저 중앙아시아 지역으로 진출하려 해서 721년에 사마르칸트에서 투르기스 속과 아랍 군 간에 전투가 일어났다면, 이때 튀르크 족이 이슬람 지역을 정복한 것은 타당했다고 봅니다. 그러나 이 문제와 튀르크 족의 콘스탄티노플 정복은 다른 문제라고 생각됩니다.

판사　　재판 첫째 날부터 양측의 의견이 많이 다르군요. 오늘은 왜 메메트 2세가 비잔티움 제국을 점령했는지와 콘스탄티노플에 대한 설명을 들었습니다. 둘째 날 재판에서는 오스만 튀르크 족의 발칸 반도 정복이 과연 정당한 것이었는지를 두고 좀 더 자세히 논의하겠습니다.

땅, 땅, 땅!

『로마법 대전』

유스티니아누스가 황제가 되었을 때, 로마법은 꼭 개혁이 필요했습니다. 로마 초기부터 전해진 로마 법률과 법학 이론이 너무나 다양했을 뿐만 아니라 그 양이 이미 수만 권이 넘었기 때문이지요. 따라서 빈곤에 허덕이던 판사들은 책에 의거하지 않고 자신들의 재량으로 재판하였지요. 즉, 로마법의 양이 너무 많다 보니 판사들도 그 내용을 모두 기억하지 못해서 유사한 사건인데도 형량이 3년 혹은 5년, 7년으로 제각각이었던 겁니다.

그래서 유스티니아누스 황제는 이러한 문제를 해결하고자 트리보니아누스 등 자신의 제국에서 가장 박식한 법학자들을 골라 로마법 개혁 작업을 시작하였어요. 이렇게 개혁한 로마법을 『로마법 대전』이라 하며 이 『로마법 대전』의 정식 명칭은 『시민법 대전(Corpus Iuris Civilis)』입니다.

로마(비잔티움) 유리

유리 제조는 기원전 3000년경 시리아-팔레스타인에서 시작되어 기원전 1500년경에는 이집트에서도 발달되었다고 합니다. 거푸집을 사용해 만든 가장 오래된 고대 유리 용기 5개가 이집트 투트모시스 3세의 세 명의 외국 출신 부인 묘에서 출토되었는데, 이것들은 투트모시스 3세 시대에 시리아-팔레스타인 지역에서 이집트로 들어온 것으로 추측됩니다.

이와 같은 유리 제조는 헬레니즘 시대의 기술 전통에 의해 더욱 발달하였는데, 기원후 1세기에 대롱 불기 기법이 등장하면서 기술력이 더욱 발달하여 시리아-팔레스타인을 중심으로 아름다운 로마 유리 용기가 생산되기 시작했습니다. 대롱 불기 기법으로 벽이 얇은 유리 용기를 빨리 제작할 수 있게 되었으며 생산 단가도 낮아졌습니다. 그 결과 다량의 유리 용기가 로마 사회 전역과 아시아 지역까지 퍼져 나갔습니다.

로마 유리 용기는 한반도에서도 발견되었는데, 1973~1975년 경주의 황남 대총 발굴 때 나온 유리 용기를 비롯해 천마총·금령총·서봉총 등에서 20여 점의 로마 유리 용기가 출토되었습니다. 수입 시기는 대략 4세기 말에서 5세기 말로 추정됩니다.

다알지 기자

안녕하세요! 저 다알지 기자는 콘스탄티노플을 건설하여 비잔티움 제국의 시작을 알린 콘스탄티누스 1세 황제와 콘스탄티노플을 점령한 오스만 제국의 술탄 메메트 2세의 재판이 열리고 있는 세계사법정에 나와 있습니다. 재판 첫째 날인 오늘은 본격적인 공방에 앞서 튀르크 족의 소아시아 정복이 과연 정당한 일이었는지를 두고 열띤 설전을 펼쳤습니다. 양측 변호사를 모시고 짧은 이야기를 들어 보겠습니다.

김딴지 변호사

　몽골 인의 침입을 피해 이동해 온 튀르크 족은 비잔티움 제국의 허락도 없이 무단으로 소아시아 지역을 침범하였습니다. 재판에서도 말씀드렸다시피 방화를 일삼고 토지와 재물을 약탈했지요. 게다가 콘스탄티노플을 점령했으니, 영혼이 되어서도 콘스탄티누스 1세 황제가 화가 나는 것은 당연한 일입니다. 이번 재판을 꼭 승리로 이끌어 다시는 국제 사회에서 이 같은 침입이 일어나지 않도록 막는 데 보탬이 되겠습니다.

이대로 변호사

메메트 2세 술탄이 비잔티움 제국을 정복했던 것은 오스만 제국 선왕의 유업을 따른 것이지, 단순히 정복욕 때문이 아니었습니다. 또한 당시 비잔티움 제국은 베네치아를 비롯한 숱한 나라의 위협에 처해 있었고, 왕위를 둘러싼 다툼이 끊이지 않아, 튀르크 족이 아니었더라도 멸망했을 것이 뻔합니다. 자신의 나라를 제 힘으로 지키지 못한 비잔티움 제국은 왜 역사공화국에 와서 핑계를 대는지 모르겠군요!

왜 비잔티움 제국은 멸망했을까?

오스만 튀르크 족의 발칸 반도 정복은 정당한가?

교과연계

사회2
1. 유럽 세계의 형성
2. 유럽 세계의 성립과 발전
   (5) 비잔티움 제국의 발전

1

라틴 제국과
니케아 제국의 탄생

김딴지 변호사　판사님, 오늘 변론할 내용은, 오스만 튀르크 족의 발칸 반도 정복은 과연 정당했는가에 관한 것입니다. 지난번 재판에서 증인의 증언을 통해 콘스탄티노플이 왜 중요한지, 그리고 셀주크 튀르크는 왜 소아시아를 유린했는지 알게 되었는데요. 비잔티움 제국의 입장에서는 셀주크 튀르크가 소아시아를 정복한 것도 분한 일인데, 더 화가 나는 일은 셀주크 튀르크의 일원인 오스만이 셀주크로부터 독립하여 국가를 세운 후 발칸 반도로 침입해 왔다는 사실입니다. 오늘은 이 문제를 중심으로 논의할 계획입니다.

판사　좋습니다. 오늘은 오스만 제국과 비잔티움 제국 말기의 역사를 배울 수 있는 좋은 기회가 되겠군요. 그리고 오스만 제국이 발칸 반도를 정복한 진정한 목적이 무엇인지도 배울 수 있겠습니다.

그럼 원고 측 변호인이 먼저 시작해 보세요.

김딴지 변호사   4차 십자군의 진행 상황에 대해서 먼저 말씀드리겠습니다.

판사   네.

김딴지 변호사   4차 십자군은 비잔티움 제국이 이슬람 세력에게 빼앗겼던 예루살렘을 탈환하려는 것이 목적이 아니었습니다. 4차 십자군은 이슬람 세력을 물리치기 위해 기획되었지만 예루살렘이 아닌 이슬람교의 본거지인 이집트 공략을 목표로 하고 있었지요.

4차 십자군은 동방 무역의 제패를 노리는 베네치아의 요청으로 헝가리 왕국이 점령했던 자라 지역을 공격하여 함락시켰습니다. 이 소식을 접한 교황 인노켄티우스 3세는 같은 기독교 신자를 공격한 십자군의 행위를 비난하면서 십자군 전체를 파문해 버렸지요.

한편 알렉시우스 3세가 동생 이사아키우스 2세의 황제 자리를 빼앗자, 이사아키우스 2세의 아들인 알렉시우스 앙겔로스는 4차 십자군을 찾아가 거액의 돈과 이집트 정복을 위한 병사 1만 명, 기사 500명을 제공하고 나아가 콘스탄티노플을 로마 가톨릭의 관할로 주겠다고 약속하면서 아버지의 제위를 되찾아 달라고 요청합니다.

십자군은 이 제안을 받아들였고, 1203년 7월 17일 콘스탄티노플은 십자군 원정대에 의해 함락되었습니다. 하지만 알렉시우스 앙겔

4차 십자군
11세기 말~13세기 말, 서유럽의 기독교도들은 성지 팔레스티나와 성도 예루살렘을 이슬람교도들로부터 탈환하기 위해 전후 8회에 걸쳐 십자군 대원정을 감행합니다. 이 중 제4차 십자군은 1202년에서 1204년 사이에 일어납니다.

이슬람 세력
이슬람 왕조는 우마이야 왕조(첫 번째 이슬람 칼리프 세습 왕조)-아바스 왕조(750년 우마이야 왕조를 무너뜨리고 세운 왕조로, 1258년 몽골 족이 바그다드를 함락할 때까지 아랍 제국을 다스림)-파티마 왕조(이집트, 북아프리카, 레반트를 다스림)-아이유브 왕조(쿠르드에서 기원한 수니파 이슬람 왕조로 12세기~13세기경 이집트, 시리아, 북이라크 지역을 다스림)-맘루크 왕조(이집트와 시리아 일대를 다스림)로 이어집니다.

로스가 약속을 지키지 못하자, ▶콘스탄티노플의 막대한 금과 각종
부에 눈이 어두워진 십자군은 기독교 세계의 핵심지였던 콘스탄티
노플을 다시 공격하여 함락한 후 방화와 끔찍한 약탈을 저
질렀습니다.

곳곳에서 신성 모독이 자행되었고 수많은 문화재와 예
술 작품이 파괴되었습니다. 그 당시 십자군의 눈에는 보물
만 보일 뿐 신의 징벌도 두려워하지 않았지요. 십자군이

교과서에는

▶ 전쟁이 전개되는 과정에
서 이슬람교도와 유대인 등
무고한 양민을 학살하는 등
의 일이 벌어지게 됩니다.

이때 챙겨 간 금만 하더라도 5톤가량 되었으니까요.

어느 역사가는 세계가 창조된 이래 그처럼 어마어마한 전리품을 한 도시에서 얻은 적이 결코 없었다고 기록했습니다. 그런데 십자군은 그것도 모자라 발칸 반도에 콘스탄티노플을 수도로 하는 라틴 제국을 세웠습니다.

오죽했으면 비잔티움 제국의 한 필자가, "그리스도의 십자가를 어깨에 짊어지고 온 이 사나이들에 비하면 이슬람 인이 더 인간적이고 온화했다"라고 기록했겠습니까?

판사 4차 십자군이 발칸 반도에 콘스탄티노플을 수도로 하는 라탄 제국을 세웠다니 놀랍군요.

김딴지 변호사 존경하는 판사님, 이 시대와 관련하여 니케아 제국을 세웠던 테오도루스 1세 황제를 불러 그때의 상황에 대해 들어 보았으면 합니다.

판사 허락합니다. 증인은 나와서 선서해 주십시오.

테오도루스 1세 선서! 나, 테오도루스 1세는 진실만을 말할 것을 맹세합니다.

테오도루스 1세가 증인 선서를 하고 증인석에 앉았다.

김딴지 변호사 증인은 소아시아에 니케아 제국을 세우셨지요.

테오도루스 1세 그렇습니다.

김딴지 변호사 니케아 제국에 대해 설명해 주시지요.

칼로얀

불가리아의 왕입니다. 그가 나라를 다스리고 있을 때 발칸 반도에는 큰 변화가 있었습니다. 4차 십자군이 콘스탄티노플을 점령해 라틴 제국을 건설한 사건이 그것입니다.

테오도루스 1세   니케아 제국은 4차 십자군 전쟁 이후인 1204년에 내가 세웠는데, 비잔티움 제국을 계승한 국가들 중에서 가장 큽니다. 라틴 제국으로부터 콘스탄티노플을 탈환하여 수도를 니케아에서 콘스탄티노플로 옮긴 1261년까지 존속했지요. 에게 해에서 흑해까지 소아시아 서부의 넓은 지역을 아우르는 띠 모양의 영토를 차지했어요.

김딴지 변호사   증인, 니케아 제국 초기에 라틴 제국의 군대와 전투를 하셨지요?

테오도루스 1세   네. 1204년 말 라틴 제국의 군대가 소아시아 지역을 정복하기 위해 발칸 반도에서 소아시아로 건너왔습니다. 내 군대는 포이마네논 부근에서 패배했지요. 1206년 말에도 라틴 제국의 새로운 황제인 앙리가 라틴 군대의 선봉에 서서 소아시아로 들이닥쳤습니다. 그러나 불가리아의 **칼로얀**의 습격으로 싸움을 중단해야 했습니다. 그래서 1207년 초에 2년간 휴전 협정을 체결했어요. 그 당시 4차 십자군은 라틴 제국을 세웠을 뿐 아니라 과거의 비잔티움 제국 전체 땅을 라틴 제국으로 만들려고 했습니다.

김딴지 변호사   말씀 감사합니다. 존경하는 판사님, 그리고 배심원 여러분, 증인의 증언으로 미루어 보건대 라틴 제국의 건설은 튀르크족이 힘을 축적하는 데 기여했을 뿐 아니라 비잔티움 제국의 쇠퇴에도 큰 역할을 했습니다. 이는 후손들에게 보여 주어서는 안 되는 참으로 부끄러운 역사의 한 장면이라고 생각됩니다.

판사   흠……. 피고 측 변호인은 증인에게 질문하시겠습니까?

이대로 변호사   네, 질문하겠습니다.

이대로 변호사가 증인에게 물었다.

이대로 변호사   증인은 라틴 제국의 성립에 대해 불만이 많으시지요?

테오도루스 1세   그렇습니다.

이대로 변호사   증인은 동생 이사아키우스 2세의 황제 자리를 빼앗은 알렉시우스 3세의 사위지요?

테오도루스 1세   네.

이대로 변호사   증인은 라틴 제국의 성립보다 비잔티움 제국 내부의 권력 다툼이 비잔티움 제국을 약화시켰다고 생각하지 않습니까?

테오도루스 1세   그렇기는 하지만······.

이대로 변호사의 말에 공감하는 듯 배심원들이 연신 고개를 끄덕였다. 그러자 기다렸다는 듯 이대로 변호사가 손을 들어 테오도루스 1세의 말을 끊었다.

이대로 변호사   저는 결과보다 원인이 더 중요하다고 생각합니다. 알렉시우스 3세는 권력에 눈이 어두워 동생에게서 황제의 자리를 빼앗았을 뿐만 아니라 동생을 장님으로 만들어 버렸습니다. 어떻게 이런 일이 일어날 수 있습니까?

이대로 변호사가 잠시 말을 끊고 배심원들의 얼굴을 살폈다. 역시나 배심원들 눈이 휘둥그레지고 놀란 표정이 역력했다. 이를 본 이대로 변호사는 회심의 미소를 띠며 자리에 앉았다.

이대로 변호사　판사님, 제 질문은 여기서 마치도록 하겠습니다.

김딴지 변호사　존경하는 판사님, 오스만 제국의 잘못된 행위를 살펴보기 위해 콘스탄티노플 탈환으로 비잔티움 제국을 다시 일으켜 세운 미카엘 8세 황제를 증인으로 신청합니다.

판사　허락합니다. 증인 미카엘 8세는 앞으로 나와서 증인 선서해 주십시오.

팔레올로고스 왕조와
오스만 제국의 관계

미카엘 8세　선서! 나, 미카엘 8세 팔레올로고스는 양심에 따라 숨김과 보탬이 없이 진실만을 말할 것을 맹세합니다.

판사　증인, 자기소개를 해 주십시오.

미카엘 8세　나는 1258년에 니케아 제국의 공동 황제로 선포된 후 마케도니아 지방과 알바니아를 통합하여 니케아 제국을 강화했고, 나아가 1261년에는 콘스탄티노플을 라틴 제국으로부터 탈환하여 비잔티움 제국의 부흥을 일궈 냈습니다. 또한 다양한 외교 정책을 구사하여 '외교의 달인'이라는 별명도 가지고 있지요.

판사　원고 측 변호인은 증인 신문을 시작하십시오.

김딴지 변호사가 증인에게 다가가 목례를 건넨 뒤 질문했다.

마케도니아 지방
오늘날의 그리스 북부 지역으로 동쪽은 네스토스 강, 서쪽은 알바니아 국경에 이르는 지역과 유고슬라비아 남부의 마케도니아 공화국을 보탠 지역을 가리킵니다.

김딴지 변호사　　증인은 비잔티움 제국을 재건하기 위해 어떤 일을 하셨지요?

미카엘 8세　　나는 발칸 반도에 남아 있던 라틴 세력을 몰아내기 위해 로마 교황과 손잡고 여러 방면으로 외교적 교섭을 벌였어요. 그 당시 남부 이탈리아를 장악했던 프랑스 앙주의 샤를르가 나의 최대 적수였던 라틴 제국의 보두앵

2세와 손잡고 비잔티움 제국을 호시탐탐 노렸거든요.

김딴지 변호사 　그렇습니까? 오스만 제국이 비잔티움 제국의 유일한 적수가 아니었군요?

미카엘 8세 　그렇습니다.

김딴지 변호사 　그런데 어떻게 팔레올로고스 왕조 때 오스만 제국이 발칸 반도로 진출할 수 있었지요?

미카엘 8세 　이야기하자면 길어요. 13세기 동방에서 가장 중요한 세력은 남부 러시아에 수립된 킵차크한국의 타타르 인, 맘루크 왕조의 이집트 인, 그리고 일한국의 몽골 인이었습니다. 킵차크한국과 맘루크 왕조는 몽골 인과 적대 관계였기 때문에 몽골 인을 피해 해로로 이동해야 했습니다. 그래서 그들은 비잔티움 제국과 우호적 관계를 유지해야 했지요. 비잔티움 제국 또한 몽골 인의 지배를 받고 있던 셀주크 튀르크를 견제하기 위해서 킵차크한국과 맘루크 왕조를 도와주는 것이 좋겠다고 생각했고요.

김딴지 변호사 　그럼 오스만 제국은 언제 등장했습니까?

미카엘 8세 　1336년 일한국의 마지막 칸이 사망하자 수많은 튀르크 부족이 할거하는 공국 시대를 맞았습니다. 이는 곧 튀르크의 문화를 계승한 오스만 제국의 등장으로 이어졌지요. 오스만 제국은 1299년 소아시아에서 공국으로 시작되어 비잔티움 제국의 영토를 잠식해 나갔지요. 그 당시 비잔티움 제국의 상황이 문란해지자, 오스만과 그의 후계자였던 오르한 1세(1324~1360), 무라트 1세(1360~1389), 바예지트 1세(1389~1402)가 비잔티움 제국을 공격할 마음을 품었어요.

증인인 미카엘 8세가 비잔티움 제국이 문란했다는 증언을 하자, 김딴지 변호사가 당황하여 급히 말을 돌렸다.

김딴지 변호사　아, 그렇습니까? 그러면 오스만과 오르한 1세는 어떤 인물입니까?

미카엘 8세　먼저 오스만에 대해 말씀드리겠습니다. 오스만은 오스만 제국을 소아시아의 작은 부족 국가에서 대제국으로 성장시킨 인물입니다. 그는 1281년 아버지가 사망하자 24세의 나이에 부족장으로 추대되었지요. 탁월한 지도력과 전투력을 갖춘 그는 셀주크 튀르크가 멸망한 뒤 구심점 역할을 했으며, 튀르크 족의 이슬람 전사인 '가지'와 그의 명성을 듣고 온 다른 부족의 모험가들을 모아 점차 큰 세력을 형성했습니다. 그리고 1299년경 마침내 왕국을 선언하고 오스만 1세로 등극했지요.

왕국을 건설한 그는 비잔티움 제국과 싸워 승리하여 제국의 기초와 다음 대의 번영을 보장했습니다. 1326년 소아시아 북서부에 위치한 부르사를 정복하던 중 69세 나이로 사망했지요.

김딴지 변호사　그러니까 오스만 1세는 오스만 제국의 기초를 닦은 건국자이군요.

미카엘 8세　맞습니다. 다음으로 오르한 1세에 대해 말씀드리겠습니다. 오르한 1세는 오스만 제국의 제2대 군주로 오스만 1세의 아

들입니다. 그는 왕위에 오른 후 아버지의 세력 확장 정책을 물려받아 1326년 부르사를 정복하고 그곳을 오스만 제국의 수도로 정했습니다. 이는 오스만 제국이 공국에서 하나의 국가로 성장하는 계기가 되었지요.

그리고 재상 찬달 카라 파릴의 도움을 받아 비잔티움 제국을 침공했어요. 오르한 1세는 비잔티움 제국의 군대 제도를 도입하여 기독교 용병을 모집하기도 했고, 이로써 아나톨리아 서북부의 주요 도시들인 니케아, 니코메디아, 스쿠타리를 차례로 오스만 제국의 영토에 편입시켰습니다. 그리고 비잔티움 제국과 동맹 관계에 있던 아이딘

제위

'제왕의 자리'를 의미하는 말입
니다.

공국을 고립시켜 비잔티움 제국에 물자를 공급하던 공급
로를 차단했어요. 이리하여 오스만 제국 군대가 처음으로
발칸 반도에 진입하게 되었지요.

김딴지 변호사　한마디로 말해 오스만 제국은 비잔티움 제국을 잡
아먹은 악귀로군요?

미카엘 8세　그렇다고 봐야지요.

　이때 갑자기 이대로 변호사가 자리에서 일어나더니 흥분한 목소
리로 말했다.

이대로 변호사　판사님, 이의 있습니다. 원고 측 변호인은 신성한
법정에서 오스만 제국을 '악귀'라고 부르고 있을 뿐만 아니라 증인
에게 유도 신문을 하고 있습니다.

판사　인정합니다. 원고 측 변호인은 부적절한 단어 사용과 유도
신문을 삼가해 주세요. 피고 측 변호인, 신문하시지요.

이대로 변호사　조금 전 증인은 오스만 튀르크가 역사에 등장하게
된 경위에 대해 설명하면서 비잔티움 제국의 내정이 문란했다고 하
셨는데, 이는 구체적으로 무엇을 뜻합니까?

미카엘 8세　비잔티움 제국에서는 제위를 둘러싼 내분이 계속되고
있었어요. 저의 아들인 안드로니코스 2세가 오래 통치하는 가운데
1320년에 매우 충격적이고 부도덕한 사건이 일어났지요. 증손자인
안드로니코스 3세가 정부의 옛 애인을 죽이려는 음모를 꾸몄는데,

그만 사람을 잘못 보고 친동생을 살해하고 말았지요.

이는 중병을 앓고 있던 제 손자인 미카엘 9세의 죽음을 재촉했고, 안드로니코스 2세는 결국 증손자의 제위 계승권을 박탈하기로 결정했습니다. 이로써 제 아들과 증손자 간에 내전이 일어났지요.

이대로 변호사　　그 당시는 오스만 1세가 왕국을 건설하고 소아시아에서 비잔티움 제국의 영토를 점차 차지하면서 땅을 넓혀 가고 있었던 중요한 시기가 아닙니까?

미카엘 8세 안타깝게도 그러합니다. 일어나서는 안 되는 내전이 일어난 것이지요. 소아시아를 방어하기도 바쁜 시기인데 말입니다. 내전은 세 번에 걸쳐 일어났는데, 오스만 제국에 의한 부르사 정복이 세 번째 내전이 발생하기 바로 한 해 전(1326)에 일어났습니다. 비잔티움 제국으로서는 불행한 일이었지요.

하지만 부르사는 오스만의 마지막 안식처로서 오스만 인들의 **성소**가 되었어요. 세 번에 걸친 비잔티움 제국의 이 내전을 통해 증손자는 안드로니코스 2세를 쫓아내고 황제가 되었습니다.

말하기 부끄럽지만, 증손자는 도덕적으로 볼 때 참으로 배은망덕한 놈이었지요. 할아버지인 안드로니코스 2세가 세르비아와 동맹을 맺자, 증손자인 안드로니코스 3세는 불가리아와 동맹을 맺어 할아버지에 대항함으로써 비잔티움 제국을 더욱 절망적인 상황으로 몰고 갔어요.

이러한 상황은 제국 주민들의 불만을 키웠고, 급기야 많은 제국 주민들이 도덕성보다는 젊은 황제를 지지하는 쪽으로 돌아섬으로써 비잔티움 제국은 새로운 국면을 맞게 되었지요. 내전이 일어나지 않았다면 좋았겠지만, 일어난 이상 하루빨리 끝내는 것이 현명한 방법이었겠지요.

원고 측 변호인으로 등장한 미카엘 8세가 원고에게 불리한 증언을 하자 원고인 콘스탄티누스의 얼굴이 붉으락푸르락해졌다. 이를 지켜보던 김딴지 변호사가 더는 안 되겠다는 듯 자리를 박차고 일어났다.

김딴지 변호사　판사님, 이의 있습니다.

판사　기각합니다. 증인은 소신 있게 자신의 의견을 말하고 있습니다. 증인은 계속 발언하세요.

미카엘 8세　흠흠. 나는 이 자리에 진실을 말하러 왔소. 비록 내가 원고 측 증인이기는 하지만 역사를 거짓으로 꾸밀 순 없지요.

그 후 황제가 된 안드로니코스 3세는 칸타쿠제노스의 도움을 받아 1320년대에 내전을 극복하고 다행스럽게도 다시 중요한 국가 과제들에 착수할 수 있었습니다. 하지만 안드로니코스 3세가 죽자 모든 것이 와르르 무너져 내렸지요. 그가 죽은 후 새로운 내전이 터져 버렸던 것입니다.

이대로 변호사　점점 더 궁금해지는군요. 증인, 자세히 설명해 주시지요.

미카엘 8세　안 그래도 설명하려고 했소. 잘 들어 보시오. 안드로니코스의 친구인 칸타쿠제노스가 안드로니코스의 아들인 요한네스 5세의 섭정이 되었지만, 그 자신이 권력에 대한 야망이 너무 컸습니다. 칸타쿠제노스의 야망을 꺾기 위해 황태후와 콘스탄티노플 총대주교, 대공 등이 요한네스 5세의 섭정임을 선포하고 칸타쿠제노스를 장관직에서 해임한 뒤, 콘스탄티노플의 폭도들이 칸타쿠제노스와 그의 친구들의 집과 재산을 약탈했지요. 이 때문에 두 세력 사이에 싸움이 일어나게 됩니다. 그리고 이 싸움은 비잔티움 인을 둘로 갈라 놓았지요. 대다수의 유력자, 장군, 군정 총독, 수도사와 농민들은 칸타쿠제노스를 후원했고, 도시 노동자와 상인들은 섭정 정부를 지지했던 거요.

이대로 변호사   앞서 언급하셨던 '문란한 내정'이란 이러한 궁정 암투를 의미하는군요. 그런데 제가 듣기로 당시 주변국들도 이 문제에 대해 관심을 가졌다고 하던데요. 이 점에 관해서도 설명해 주시지요.

미카엘 8세   인근 국가 세르비아의 왕이었던 스테판 두샨은 비잔티움 제국에서 내전이 지속되는 것을 반가워했어요. 그들이 마음에 품고 있던 팽창 계획에 전적으로 부합되기 때문이었지요. 그래서 두샨은 칸타쿠제노스에게 세르비아 군대를 주고 칸타쿠제노스의 편임을 선언했지요.

하지만 영토 문제로 서로 사이가 나빠지자, 결국 두샨은 칸타쿠제노스와 결별하고 콘스탄티노플 섭정 정부와 손을 잡게 됩니다. 자신의 이익에 따라 두 세력 사이를 오갔던 것이죠. 이에 칸타쿠제노스는 1342년 말쯤 아이딘 왕조의 우무르 1세에게 구원을 요청하지요. 그때부터 칸타쿠제노스는 계속해서 셀주크, 오스만 제국의 도움을 받게 되었지요.

이대로 변호사   그러니까 비잔티움 제국의 내부 문제를 도와주기 위해 오스만 제국이 이들의 싸움에 뛰어들게 된 것이군요?

미카엘 8세   흠흠. 꼭 그렇다기보다는…….

이대로 변호사   알겠습니다. 대답하기 곤란하시군요.

미카엘 8세　　　내가 생각하기에 술탄 오르한의 도움이 비잔티움 제국을 더욱 위험에 빠뜨렸던 것 같소. 이 당시 비잔티움 제국은 경제와 재정이 파괴되고 주민들은 더 이상 세금을 납부할 수 없었으니까요. 왜냐하면 내전 기간 동안 제대로 농사를 지을 수 없었고, 설상가상으로 튀르크 인에 의해 비잔티움 제국이 짓밟혔기 때문이지요. 14세기에 비잔티움 제국은 정규 예산을 짠다는 말조차 아예 할 수 없을 지경이었어요.

　　정부는 부유층의 희생적 기부에 호소하든가, 외국에서 돈을 빌리거나 도움을 받아 국가 운영 자금으로 사용했지요. 이렇게 콘스탄티노플 섭정 정부의 세력이 눈에 띄게 약화되자 칸타쿠제노스는 이 틈을 놓치지 않고 1346년에 오스만 제국의 술탄 오르한 1세를 동맹 동지로 만들고 1346년 5월 21일 아드리아노플에서 황제의 관을 썼습니다.

이대로 변호사　　　계속 설명해 주세요.

미카엘 8세　　　그 후 1352년에 요한네스 5세와 다시 시작된 내전에서 칸타쿠제노스는 튀르크 인 부대를 끌어들였지요. 이에 요한네스 5세가 불가리아와 세르비아에 도움을 요청하였고, 세르비아의 두샨은 4000명의 기사대를 보냈습니다. 그러자 오스만 제국의 술탄 오르한 1세도 칸타쿠제노스를 돕기 위해 자신의 아들인 술레이만이 이끄는 1만 명에 달하는 새로운 소집군을 보냈지요. 바로 이 전투에서 튀르크 인들이 승리를 거두었습니다.

　　하지만 이로써 모든 것이 끝나지 않았어요. 튀르크 인들의 도움은

양날의 무기였지요. 한편으로는 칸타쿠제노스를 도와주었지만, 다른 한편으로는 산발적인 약탈 대신 이때부터 발칸 반도에 확고히 정착하게 되었거든요. 1352년에 오스만 제국은 칼리폴리스(현재의 겔리볼루) 근처의 침페 요새를 점령했고, 1354년에는 오르한 1세의 아들 술레이만이 칼리폴리스 자체를 차지했습니다.

이는 훗날 발칸 반도에서 오스만 제국의 급속한 확대를 가져와 비잔티움 제국을 더욱 위험에 빠뜨리게 됩니다. 그 당시 요한네스 6세는 오르한 1세의 우정에 호소하기도 하고 궁핍한 나라 형편에도 불구하고 오르한 1세에게 많은 돈을 주며 점령한 도시에서 철수하라고 제안했지만 허사였어요. 이때부터 요한네스 6세의 위치는 흔들렸고, 급기야 그는 1354년에 모반자들에 의해 황제 자리에서 강제로 폐위되어 수도사가 되었지요.

이대로 변호사   그런데 증인께선 오스만 제국에 잘못이 있다고 생각하십니까? 혹은 비잔티움 제국에 잘못이 있다고 생각하십니까?

미카엘 8세   곤란한 질문이군요. 소신껏 발언하건대, 양쪽 다 잘못이 있다고 생각합니다.

이대로 변호사   제가 보기에는 비잔티움 제국이 더 잘못했다고 생각되는군요. 오스만 제국에 도움을 청한 일이 먼저고 오스만 제국이 세르비아 왕국을 격파한 게 나중의 일이니까, 원인을 제공한 쪽에 더 큰 잘못이 있는 것 아니겠습니까? 이 점에 대해서는 어떻게 생각하십니까?

곤란한 질문이 이어지자 미카엘 8세는 괴로운 듯 이마를 찌푸렸다.

미카엘 8세   물론 오스만 제국에 도움을 청한 게 먼저이기는 합니다. 하지만 요한네스 6세 칸타쿠제노스를 황제로 등극시키는 일에는 오스만 제국의 역할이 가장 컸지요. 저는 오스만 제국의 잘못이 더 크다고 생각합니다. 오스만 제국은 도움을 주고 그에 대한 대가를 받으면 되는데, 오히려 발칸 반도를 탐했지요.

이대로 변호사　　용케 빠져나가시는군요. 잘 알겠습니다.

이대로 변호사는 고개를 돌려 판사에게 청했다.

이대로 변호사　　존경하는 판사님, 원고 측 증인인 미카엘 8세에 이어 저희 측에서는 증인으로 술탄 오르한 1세를 증인으로 신청하고자 합니다.

판사　　허락합니다. 증인은 나와서 증인 선서해 주십시오.

오르한 1세　　선서! 나, 술탄 오르한 1세는 양심에 따라 숨김과 보탬이 없이 진실만을 말할 것을 맹세합니다.

술탄 오르한 1세는 선서를 하고 증인석에 앉았다.

왜 비잔티움 제국은 멸망했을까?

몽골의 4한국

몽골의 4한국은 오고타이한국, 차가타이한국, 킵차크한국, 일한국입니다.
오고타이한국 칭기즈 칸의 셋째 아들 오고타이를 시조로 한 나라로, 대칸인
오고타이의 아들 귀위크 칸이 죽은 뒤 대칸 자리를 칭기즈 칸의 막내 아들
툴루이 가문에게 빼앗기고 그 후 툴루이 가문의 쿠빌라이(원나라를 세움)와
1260년부터 1301년까지 싸웁니다. 나중에는 차가타이한국에 영토를 빼
앗깁니다.

차가타이한국 칭기즈 칸의 둘째 아들 차가타이가 중앙아시아에 건설한 왕
국으로 몽골의 서쪽 지역과 중앙아시아 지역(카자흐스탄 동부, 키르기스스탄,
타지키스탄, 중국의 신장 위구르 지역)을 다스렸습니다.

킵차크한국 남러시아에 건설한 나라로 금장한국이라고도 합니다. 한국들
중 가장 넓은 땅을 차지하여, 시베리아 스텝 지역과 중앙아시아 일부 지역
(우즈베키스탄, 투르크메니스탄 서부, 카자흐스탄 서부), 러시아 서부 지역(유럽 지
역), 우크라이나, 루마니아 일부, 백러시아(벨라루스) 지방, 캅카스 지방 등
을 다스렸습니다.

일한국 칭기즈 칸의 손자인 훌라구 칸을 시조로 한 나라입니다. 1253년
훌라구는 형 몽케 칸의 명령에 따라 이란 원정 길에 올라, 1258년 바그다
드를 공략하여 아바스 왕조의 칼리프 정권을 멸하고 1259년 일한국을 건
설하였습니다. 이란 지역과 파키스탄 남부 지역, 소아시아 지역, 아프가니
스탄 서부 지역, 투르크메니스탄 동부 등 이슬람 국가들을 다스렸습니다.

3

왜 오스만 튀르크 족은
발칸 반도를 공격하려고 했을까?

판사   술탄 오르한 1세는 자기소개를 해 주십시오.

오르한 1세   나는 오스만 제국의 제2대 군주인 오르한 1세예요. 술탄 즉위 후 아버지인 오스만 1세의 세력 확대 정책을 물려받아 부르사를 정복하고, 그곳을 오스만 제국의 수도로 정했지요. 나는 비잔티움 제국을 공격하기도 했으며, 비잔티움 제국 내에서 황제의 자리를 둘러싸고 내분이 일어났을 때 요한네스 6세 칸타쿠제노스를 도와 그가 황제의 자리에 오를 수 있도록 도와주었습니다. 또한 이 내란 중에 요한네스 6세의 적을 지원한 세르비아 왕국을 격파한 일은, 훗날 발칸 반도에서 튀르크 족이 급속히 확대되어 나갈 수 있는 발판이 되었습니다.

이대로 변호사   왜 오스만 제국은 발칸 반도를 공격하려고 했습니까?

왜 비잔티움 제국은 멸망했을까?

오르한 1세 내가 오스만 제국의 술탄으로 있을 때 칸타쿠제노스가 황제의 자리에 오르기 위해 나에게 도움을 청하지 않았다면 우리는 비잔티움 제국이 그렇게 허약한지 몰랐을 것입니다. 그런데 그 멍청한 비잔티움 인이 자신들의 문제를 스스로 해결하지 못하고 우리에게 도움을 요청했지 뭐요? 하하하.

이대로 변호사 증인은 자세히 말씀해 주시지요.

오르한 1세 그러지요. 1354년 8월 6일 콘스탄티노플에 파견된 베네치아의 사신 바일로가 베네치아의 지도자였던 안드레아 단돌로에게 보고한 내용 가운데 이러한 말이 있습니다. 내가 한번 읽어 보겠소.

"튀르크 인과 제노바 인의 위협을 받고 있는 비잔티움 제국은 베네치아, 세르비아, 헝가리, 이 세 세력 가운데 어떤 세력에게든 굴복할 태세가 되어 있습니다."

이 말은 두 가지 사실을 시사하고 있습니다. 첫째, 비잔티움 제국이 너무나 허약하여 언제든지 무너질 수 있다는 것입니다. 둘째, 허약한 비잔티움 제국이 이들 세 나라에 굴복할 수 있다는 것은 오스만 제국에도 굴복할 수 있다는 것입니다. 다시 말해 우리 오스만 제국이 발칸 반도를 공격하여 지배해도 무방하다는 것이지요.

우리 오스만 제국이 발칸 반도를 먼저 공격하지 않으면 베네치아, 세르비아, 헝가리 중 어느 한 나라가 비잔티움 제국을 차지할 테니까요. 따라서 오스만 제국이 비잔티움 제국을 공격한 것은 큰 죄가 아니라고 생각합니다.

이대로 변호사 당시 비잔티움 제국이 도대체 얼마나 허약했다는 말입니까?

오르한 1세　비잔티움 제국의 지주들은 대토지를 소유하면서도 세금을 납부하지 않았으며, 납세자인 농민과 소귀족의 소유지까지 빼앗아서 국가 세입이 크게 줄어들게 되었지요. 지주와 수도원의 착취로 농민층은 고통 받다가 몰락할 지경에 이르렀어요. 이 때문에 농민들 중에는 튀르크 족이 안겨 준 안전과 평화에 오히려 감사하는 사람도 있었습니다.

이대로 변호사　세금을 납부할 농민층이 몰락하자 비잔티움 제국이 재정적 어려움에 처해 있었군요?

오르한 1세　맞습니다. 게다가 비잔티움 제국은 자국인으로 이루어진 군인을 양성하기보다는 외국인 용병에 의존했습니다. 따라서 용병에게 지급해야 할 임금 때문에 재정은 더 어려워졌지요. 또한 비잔티움은 해상 방어를 위해 베네치아와 제노바와 협정을 맺고 무역특권을 주었는데 이로 인해 관세 수입이 감소했고, 게다가 트라키아 지역이 황폐화되면서 세금 수입이 감소했어요.

　이러한 재정적 어려움 때문에 군대를 줄여야 했고 함대를 유지하지 못하게 되었습니다. 비록 요한네스 6세가 일시적으로 함대를 일부 재건하기는 했지만 제노바 함대와의 해전으로 인해 이마저도 힘들었지요. 다시 말해 비잔티움 제국의 국고가 텅 비고 행정 체제가 완전히 해체되었던 것이지요.

이대로 변호사　그 당시 유럽에 상륙한 오스만 제국의 군대가 이러한 비잔티움 제국의 실체를 직접 목격하게 된 것이군요.

　왜 비잔티움 제국은 멸망했을까?

오르한 1세   그렇습니다. 앞서도 말했지만 나는 요한네스 6세가 요
한네스 5세로부터 비잔티움 제국의 황제권을 빼앗는 데 협력하게
되었는데, 그 결과 나는 발칸 반도 남부의 트라키아 지방을 약탈할
수 있었고 동시에 요한네스 6세의 딸과 결혼할 수도 있었습니다.

이대로 변호사   네, 그렇군요. 그 당시 베네치아, 헝가리, 세르비아
가운데 비잔티움 제국을 무너뜨릴 만한 가장 유망한 후보는 어느 나
라라고 생각하셨습니까?

오르한 1세   세 나라 모두 유망한 후보였지요. 그 가운데서도 세르

비아가 비잔티움 제국과 국경을 마주하고 있었기 때문에 가장 강력한 후보로 보였습니다. 하지만 세르비아는 아주 빨리 떨어져 나가고 말았지요. 그 이유는, 1355년 세르비아의 군주였던 스테판 두샨이 죽고 우로슈 4세가 그 뒤를 잇게 되었는데, 우로슈 4세가 아버지와 같은 지도력을 갖지 못해 결국 세르비아를 분열시키고 말았거든요.

이대로 변호사   그럼 비잔티움 제국은 세르비아의 혼란을 틈타 무엇을 얻었습니까?

오르한 1세   그 당시 비잔티움 제국은 스트리몬 강 어귀의 크리소폴리스까지 해안 지대를 일부 점령했지만, 별로 이득을 얻었다고 볼 수는 없습니다. 왜냐하면 비잔티움 제국이 너무나 약해져서 옛날 비잔티움 땅들을 다시 점령하려는 시도를 제대로 해 볼 수 없었거든요. 그래서 내륙은 여전히 세르비아 인들의 수중에 남았습니다.

이대로 변호사   그럼 비잔티움 제국은 별다른 행동을 취하지 않았던 것입니까?

오르한 1세   요한네스 5세는 그 당시의 상황을 심각하게 생각했지요. 하지만 그가 할 수 있었던 것은 고작 전통적 방법인 교회 통합 협상이었습니다. 그는 1355년 12월 15일 아비뇽에 있는 교황에게 편지를 보내, 5척의 **갤리선**과 15척의 수송선을 1000명의 전사 및 500명의 기사와 함께 보내 달라고 순진하게 부탁하면서, 그 대신 자기 백성을 6개월 안에 로마 교회의 신앙으로 개종시키겠다고 약속했지요.

하지만 교황은 이 문제를 진지하게 고려하지 않았습니다. 단지 비

잔티움 제국에 사절을 보내 일반적인 표현으로 황제를 칭
찬하는 것으로 그쳤지요. 결국 교황은 갤리선을 보내지 않
았고, 황제의 설득에도 불구하고 비잔티움 제국의 성직자
와 백성들의 압도적인 다수가 옛 신앙인 그리스 정교회 신
앙을 요지부동으로 고수하고 있었기 때문에, 교회 통합 협상은 무산
되었습니다.

이대로 변호사   그렇다면 이러한 상황은 오히려 오스만 제국에게
유리하게 작용했겠군요?

오르한 1세   그렇습니다. 그 당시 저는 비잔티움 제국을 적극적으
로 도와줄 세력이 없다는 것을 알고 서서히 체계적으로 발칸 반도를
정복하기 시작했습니다.

이대로 변호사   잠깐만. 도중에 말을 끊어서 죄송합니다만, 왜 발칸
반도 정복을 적극적으로 서두르지 않았습니까?

오르한 1세   당장은 서방이 비잔티움 제국을 적극적으로 도와줄
생각은 없지만, 만약 우리가 적극적으로 일을 추진해 나가면 서방이
자극을 받아 이 문제를 심각하게 고려해서 십자군을 보낼 가능성도
있다는 것을 염두에 둔 것입니다.

이대로 변호사   **만사불여튼튼**이라는 말씀이군요.

오르한 1세   그렇습니다.

이대로 변호사   그럼 어떤 체계적인 방법으로 발칸 반도를 정복하
셨습니까?

오르한 1세   1354년 발칸 반도의 입구라 할 수 있는 다르다넬스 해

만사불여튼튼
모든 일을 튼튼히 하는 것보다
더 나은 것이 없음을 이르는 말
입니다.

협의 칼리폴리스를 장악한 후, 이곳을 거점으로 하여 비잔티움 제국의 주변 도시들을 서서히 함락해 나갔지요.

이대로 변호사   와! 비잔티움 제국의 숨통을 서서히 조이는 방법이군요.

오르한 1세   네, 그렇습니다. 그 당시 발칸 반도로 대거 진출했던 튀르크 족은 비잔티움령인 트라키아를 점령하고, 1359년에는 콘스탄티노플의 성벽까지 진출했습니다. 그리고 1361년에 디디모티쿰, 1362년에 아드리아노플을 차례로 함락했어요. 우리는 점령한 도시와 촌락에 살던 주민들을 소아시아에 노예로 팔아 버리고, 그리로 옮겨 가 살았지요.

이대로 변호사   잘 알겠습니다. 제 질문은 여기까지입니다.

김딴지 변호사   판사님, 그럼 제가 신문하겠습니다.

판사가 허락하자 김딴지 변호사가 증인에게 질문했다.

김딴지 변호사   조금 전 술탄께서는 오스만 튀르크 족의 발칸 반도 공격에 대해 말씀하시면서, 오스만 제국이 비잔티움 제국을 공격하지 않았다면 베네치아, 세르비아 혹은 헝가리가 공격했을 것이니 오스만 제국의 공격은 잘못이 아니라고 말씀하신 것으로 알고 있는데, 그렇습니까?

오르한 1세   그렇게 말했습니다.

김딴지 변호사   역사를 살펴보면 어느 나라가 위험에 처했을 때 이웃한 나라들이 그 나라에 대해 관심을 갖는 것은 당연하다고 봅니다. 하지만 이웃한 나라들이 모두 그 나라를 정복할 생각을 가졌다고 볼 수는 없지 않겠습니까?

오르한 1세　네, 그 말에도 일리가 있습니다. 그러나 그 당시 베네치아와 세르비아와 헝가리는 자국의 이익을 위해 무엇이든지 할 수 있는 나라들이었습니다. 1204년 4차 십자군이 콘스탄티노플을 정복했을 때도 베네치아는 정복자인 4차 십자군 편이었지 않습니까! 또한 세르비아의 두샨은 테살로니카의 후배지를 정복하고 그 도시를 비잔티움령 트라키아와 테살리아로부터 고립시킨 후, 1346년 스스로 세르비아 인과 라틴 인의 황제 자리에 앉지 않았습니까! 그리고 헝가리도 서서히 발칸 반도 쪽으로 세력을 넓히고 있었습니다. 다시 말해 그 당시 비잔티움 제국은 풍전등화의 상태에 있었기 때문에 어느 나라가 빼앗든 문제가 되지 않는 상황이었지요.

김딴지 변호사　베네치아가 1204년에 4차 십자군을 도와준 것은 사실이지만, 14세기 중엽에 그들이 콘스탄티노플을 정복하려는 생각을 품었다는 것은 증인의 생각일 뿐이지요. 또한 사신 바일로가 베네치아 지도자인 단돌로에게 전한 "비잔티움은 베네치아, 세르비아, 헝가리, 이 세 세력 가운데 어떤 세력에게든 굴복할 태세가 되어 있습니다"라는 말도 바일로의 보고서 내용일 뿐 단돌로나 베네치아 전체의 생각은 아닙니다. 또한 세르비아의 두샨도 죽었지 않습니까? 그리고 헝가리가 서서히 발칸 반도 쪽으로 세력을 넓히고 있었다고는 하지만, 헝가리 아래쪽에 세르비아가 있지 않았습니까?

다시 말해 세르비아가 망하지 않는 한 헝가리는 비잔티움 제국을 공격할 수 없었지요. 제가 생각할 때는 술탄께서, 튀르크 족 혼자 품었던 비잔티움 영토에 대한 정복 야욕을 감추기 위해 이들 세 나라를 끌어들이시는 것 같습니다.

오르한 1세　흠흠.

김딴지 변호사가 증인 오르한 1세의 증언에 거칠게 항의하자 증인의 얼굴이 일그러졌고, 이를 본 김딴지 변호사는 고삐를 더욱 죄었다.

김딴지 변호사　또 다른 질문을 하겠습니다. 오스만 제국의 발칸 반도 공격은 단지 비잔티움 제국의 정복만이 목표였습니까?

오르한 1세　그렇습니다.

김딴지 변호사　제가 알기로는 무라트 1세 때 오스만 제국의 발칸 반도 정복이 결정적인 단계로 접어들었는데, 이 정복은 비잔티움 땅 뿐만 아니라 남슬라브 인의 땅까지 포함하는 것이었습니다. 맞습니까?

오르한 1세　남슬라브 인의 땅을 정복하려는 의도는 없었습니다. 단지 비잔티움 제국을 완전히 정복하기 위해 우리 튀르크 족을 위협하는 나라를 먼저 없앤 것뿐이지요. 그래서 불가리아를 굴복시킨 것입니다.

김딴지 변호사　당시 불가리아는 여러 나라로 쪼개진 채 심한 경제적 어려움과 종교 분쟁으로 마비되어 있었기 때문에 오스만 제국에 위협이 되지 않았던 것으로 보입니다. 이에 대해서는 어떻게 생각하십니까?

오르한 1세　　나는 불가리아가 언제든지 세력을 규합하여 위협이 될 수 있는 나라라고 생각했을 뿐이오.

김딴지 변호사　　아, 그렇습니까? 그렇다면 훗날 오스만 제국이 세르비아를 정복하고, 나아가 1526년 다뉴브 강 근처 모하치 전투에서 헝가리 군을 격파하고, 1529년에는 오스트리아의 빈까지 포위 공격했는데, 이는 어떻게 생각하십니까? 제가 보기엔 비잔티움 제국만 공격하려고 했던 게 아닌 것 같은데요.

오르한 1세　　그것은 훗날의 이야기입니다. 14세기 중반에는 단지 비잔티움 제국만 정복하려고 했습니다. 그런데 비잔티움 제국이 자꾸 주변 세력들을 싸움에 끌어들이려고 했습니다. 이러한 점이 훗날 나의 후손들을 자극하여 오스트리아의 빈까지 포위, 공격하는 사태로까지 발전했다고 봅니다.

김딴지 변호사　　그러면 1371년 오스만 제국과 세르비아는 왜 마리차 강에서 전투를 벌인 것입니까? 혹시 오스만 제국이 세르비아령이었던 마케도니아를 탐냈기 때문이 아닙니까?

오르한 1세　　그 당시 우리가 비잔티움 제국을 위협했던 것은 사실이지만 세르비아와 전쟁할 생각은 없었습니다. 그런데 세르비아 왕의 동생인 요한 우글리예샤가 스스로 우리들에게 위협을 느끼고 전쟁 준비를 했지요. 그는 비잔티움 제국의 황제에게도 도움을 청해 공동으로 대응하고자 했지만 비잔티움 제국의 황제는 응하지 않았

아드리아노플
터키 서북쪽 끝에 있는 상업 도시인 에디르네의 옛 이름입니다.

조공
종속국이 종주국에 때를 맞추어 예물을 바치던 일이나 예물을 일컫는 말입니다.

가신국
높은 벼슬아치의 집에 딸려 있으면서 그 벼슬아치를 받드는 사람을 '가신'이라 하므로, 가신국이란 종속국과 같은 의미로 사용되었다고 볼 수 있습니다.

습니다. 단지 그의 형인 부카신 왕만이 그를 도왔지요. 그들은 군사를 이끌고 **아드리아노플**로 진군했고, 마리차 강변의 체르노멘에서 우리 군대와 마주쳐 전투가 일어났습니다. 물론 이 전투는 우리 오스만 제국의 완벽한 승리로 끝났지요.

김딴지 변호사   그럼 세르비아령이었던 마케도니아의 땅들은 어떻게 되었습니까?

오르한 1세   마케도니아의 땅들은 당연히 우리 오스만 제국에 넘어왔지요.

김딴지 변호사   역사적으로 볼 때 오스만 제국과 세르비아 간의 이 전투는 어느 정도 중요합니까?

오르한 1세   이 전투는 우리 오스만 제국이 1453년에 비잔티움 제국의 콘스탄티노플을 함락하기 전에 벌였던 전투 중 가장 중요합니다. 이 전투로 말미암아 비잔티움 제국이 공식적으로 우리에게 종속되었을 뿐만 아니라 **조공**의 지불과 종군을 약속하게 되었지요. 또한 불가리아도 오스만 제국의 종주권을 인정했습니다. 다시 말해 우리가 유럽 땅에 정착한 지 20년도 채 되지 않아 이들 두 나라가 우리 튀르크 족의 **가신국**이 된 겁니다.

김딴지 변호사   그 당시 비잔티움 황궁에서는 반란이 일어났다고 알고 있습니다. 요한네스 5세가 가신으로서 튀르크에 의무를 다하고 있었는데, 왜 튀르크는 반란을 일으킨 안드로니코스를 도와주었지요?

오르한 1세　　정치가 신뢰로만 되는 것이 아닙니다. 우리 입장에서는 어떻게든 비잔티움 제국을 약하게 만들어야 훗날 이를 정복할 수 있지 않겠습니까?

김딴지 변호사　　그렇기는 하지요.

오르한 1세　　바로 그거예요. 그 당시 요한네스 5세의 아들인 안드로니코스와 술탄 무라트의 아들인 왕자 사우드지 첼레비가 연합하여 반란을 일으켰습니다. 물론 이 반란은 곧 진압되었지요. 반란에 대한 대가로 튀르크의 왕자 사우드지 첼레비는 눈을 멀게 하는 처벌을 받았지만 안드로니코스는 술탄 무라트의 요구에도 불구하고 요한네스 5세의 선처로 시력을 완전히 잃지는 않았어요.

다시 말해 비잔티움 황제는 우리 오스만 제국 술탄의 가신이면서도 술탄의 요구를 묵살했습니다. 그랬기 때문에 그 후 1376년 8월 안드로니코스가 제노바 인의 도움을 받아 다시 반란을 일으켰을 때 우리는 오히려 안드로니코스를 도와주었지요. 물론 그 대가로 10년 전에 사보이의 아마데오 때문에 비잔티움 제국에게 빼앗겼던 칼리폴리스를 넘겨받을 수 있었습니다.

김딴지 변호사　　그래도 그것은 배신행위 아닙니까?

오르한 1세　　배신행위가 아닙니다. 요한네스 5세가 먼저 술탄의 요구를 묵살했지 않습니까? 그러니까 튀르크 족의 이러한 행위는 정당한 것이지요. 그렇다고 우리가 요한네스 5세를 버린 것은 아닙니다. 요한네스 5세가 베네치아의 도움으로 감옥에서 빠져나와서 제위를 찾으려 할 때 우리는 그를 도와주었습니다. 1379년 7월에 요한네스

5세는 우리의 도움을 받아 콘스탄티노플로 진군하여 입성했지요.

김딴지 변호사　　그럼 그 대가로 오스만 제국은 무엇을 얻었습니까?

오르한 1세　　요한네스 5세는 술탄에게 종군할 것과 조공의 지불을 약속했어요.

김딴지 변호사　　그 당시 왜 오스만 제국은 약한 비잔티움 제국을 맹렬하게 공격하지 않았습니까?

오르한 1세　　그 당시 비잔티움 제국이 내부 분열로 힘든 상황에 있었던 것은 사실입니다. 하지만 우리 튀르크 족 주변에는 여전히 강력하게 저항할 수 있는 나라가 있었지요. 바로 세르비아입니다. 세르비아의 라자르는 보스니아의 트브르트코 1세와 결속하여 막강한 세력을 형성하고 있었지요.

　그래서 우리는 비잔티움 제국을 서서히 공격하여 조금씩 그 땅을 차지하는 전략을 구사했습니다. 당시 요한네스 5세의 아들 마누엘 2세가 테살로니카에서 우리 튀르크 군을 공격했기 때문에 우리는 반격을 했던 것이고, 이어서 우리는 1383년에 세레스를, 1387년에 테살로니카를 함락하여 차지할 수 있었던 것입니다.

김딴지 변호사　　그 당시 세르비아 및 보스니아 연합 군대와 전투가 있었다고 알고 있는데요. 그 전투 결과는 어떻게 되었습니까?

오르한 1세　　1389년 6월 15일 코소보 폴례에서 전투가 있었지요. 이 전투는 마리차 강변에서의 전투 이후 오스만 튀르크 인들의 발칸 반도 정복에서 가장 중요한 기념비적 사건이었습니다. 이 전투에서 술탄 무라트가 사망했지요. 그렇지만 계승자 바예지트가 잘 지휘한

덕분에 오스만 제국 군대가 승리할 수 있었습니다. 이 전쟁으로 세르비아 영주인 라자르는 포로가 된 후 수하의 유력자들과 함께 처형되었고, 그의 후계자들은 오스만 제국의 종주권을 인정했지요.

오르한 1세의 이야기를 들은 김딴지 변호사는 더 이상 질문이 없는지 판사 쪽으로 고개를 돌렸다.

판사 자, 시간이 다 되었군요. 지금까지 양측 변호인의 변론과 증인들의 말을 들어 보니 이 사건의 윤곽이 잡히기 시작하는군요. 그럼 오늘 재판은 이것으로 마치며 세 번째 재판을 기대하겠습니다.

땅, 땅, 땅!

다알지 기자

콘스탄티누스 1세 황제와 메메트 2세 술탄의 둘째 날 재판이 끝났습니다. 오늘은 라틴 제국과 니케아 제국이 어떻게 탄생하게 되었으며, 팔레올로고스 왕조와 오스만 제국은 어떠한 관계였는지, 그리고 오스만 튀르크 족은 왜 발칸 반도를 공격하려 했는지를 집중적으로 살펴보았습니다. 양측 변호사님을 모시고 짧은 이야기를 들어 보겠습니다. 먼저 이대로 변호사님, 오늘 재판에 대해 만족하시나요?

이대로 변호사

솔직히 말씀드리면, 인정하기는 싫지만
오늘은 김딴지 변호사가 변론을 잘했습니다.
증인들을 논리적으로 잘 다룬 것 같군요. 하지만 제
가 라틴 제국의 성립에 대해 불만을 품고 있던 테오도루스 1세 황제에
게 "라틴 제국 성립이 비잔티움 제국의 내부 분열 때문이 아닙니까?"
라고 물었을 때 "그렇기는 하지만……"이라고 하면서 굳은 표정으로
답변하는 증인의 얼굴을 기자님도 보셨지요? 배심원들도 연신 고개를
끄덕였습니다. 김딴지 변호사도 절대 부정할 수 없는 사실입니다.

김딴지 변호사

저도 오늘 재판이 만족스럽습니다. 기자님도 보셨듯이 전체적으로는 제가 조리있게 증인들을 잘 다루었지 않습니까? 특히 튀르크 족의 비잔티움 제국에 대한 정복 야욕을 감추기 위해 술탄 오르한 1세가 베네치아, 세르비아, 헝가리 이 세 나라를 끌어들인 점을 통찰한 것은 저의 번뜩이는 재치 때문이었죠! 마지막 재판에서는 콘스탄티누스 11세를 증인으로 세워, 콘스탄티노플이 함락되는 마지막 순간 튀르크 족이 어떻게 행동했는지를 파헤쳐 볼 예정입니다. 많은 기대 부탁합니다.

왜 비잔티움 제국은 멸망했을까?

이슬람 세계의 검과 시계

다마스쿠스 검

전 세계에서 가장 유명한 검 중 하나인 다마스쿠스 검은, 얇은 철판을 여러 겹 겹쳐서 불에 달궈 접착시키고, 접고, 꽈배기처럼 꼬고, 두드려서 만드는 것이 특징입니다. 이렇게 독특한 과정을 거쳐서 만들어지는 만큼 다마스쿠스 검은 매우 단단한 것이 장점이며, 중세 기독교 세계와 이슬람 세계가 치른 십자군 전쟁에서 사용되었습니다. 다마스쿠스 검은 일반 검보다 열 배 이상 강도가 세서 십자군의 검과 갑옷들이 다마스쿠스 검에 찢겼다고 합니다.

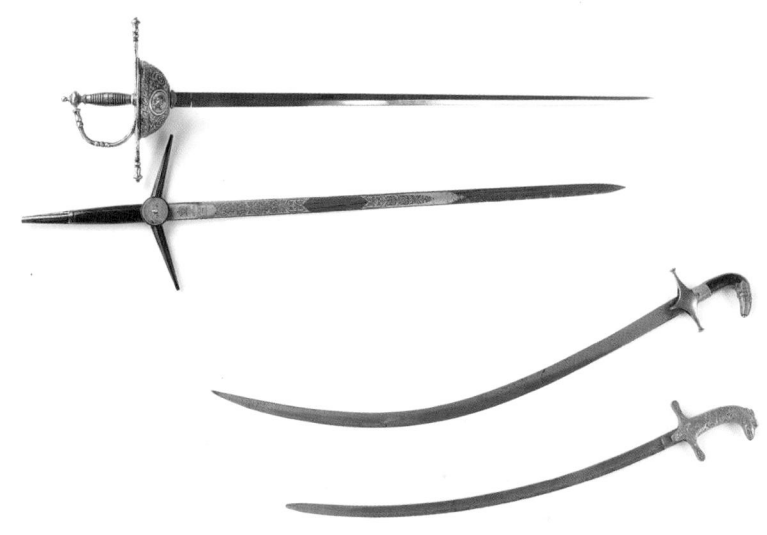

기독교 세계의 검과 이슬람 세계의 검

긴 인류의 역사에서 끊이지 않았던 것이 바로 전쟁이에요. 그렇다
보니 전쟁의 도구인 검 역시 오랜 세월 인류와 함께해 왔지요. 여러
전쟁이 있었지만, 그중에서도 중세 시대 기독교 세계와 이슬람 세계
의 대립은 검의 역사에서 빼놓을 수 없는 것입니다.

기독교 세계의 검은 십자가처럼 직선 모양이며 주로 찌르는 데 사용
하도록 만들어졌습니다. 반면 이슬람 세계의 검은 초승달을 본떠서
곡선 모양이지요. 이처럼 기독교 세계와 이슬람 세계의 검은 두 문
화의 차이만큼이나 모습도 다르답니다.

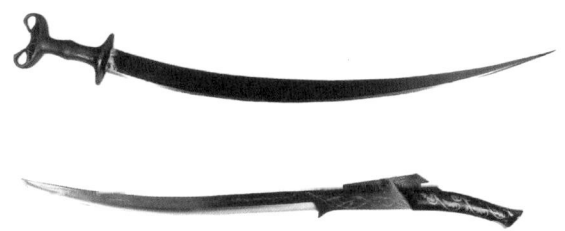

세이버

날이 휜 기병용 검인 '세이버'는 터키, 예멘, 오
만, 시리아 등에서 사용되었습니다. 이 지역
의 검은 쇠붙이를 녹여 거푸집에 부어서 만드
는 주물 주조 공법 중 정밀 주조법의 일종인 로
스트 왁스 법(Lost Wax Process)과 다마시닝 법
(Damascening)을 활용하여 제작되었지요.

회중시계

몸에 지닐 수 있게 만든 작은 시계를 회중시계
라고 하지요. 사진 속의 유물은 터키의 이스탄
불에서 발견된 회중시계입니다. 동유럽을 지배
했던 오스만 제국 시대의 것으로, 근위병이 착
용했던 것으로 보입니다. 권총에 탈착하는 형
태의 회중시계이지요.

출처: 타임앤블레이드박물관(www.time-blade.com)

메메트 2세는 왜
콘스탄티노플을 함락했을까?

1. 메메트 2세는 무라트 2세의 훌륭한 계승자였을까?
2. 콘스탄티노플 함락 직전에 무슨 일이 있었을까?

메메트 2세는 무라트 2세의
훌륭한 계승자였을까?

판사　　오늘 재판에선 메메트 2세가 왜 콘스탄티노플을 함락시켰는지에 대해 살펴보겠습니다. 자, 그럼 재판을 진행해 볼까요? 오늘은 원고 측 변호인이 14세기 말과 15세기 초의 상황에 대해 먼저 설명하는 것이 좋겠습니다. 원고 측 변호인, 시작하세요.

김딴지 변호사　　먼저 14세기 말과 15세기 초의 상황에 대해 말씀드리겠습니다. 1389년 오스만 제국 군과 세르비아, 불가리아, 왈라키아, 알바니아, 보스니아 등의 연합군 사이에 전투가 벌어졌습니다. 오스만 제국 군은 무라트 1세가 지휘했고, 연합군은 세르비아 영주인 라자르가 지휘했습니다. 싸움은 오스만 제국 군의 승리로 끝났고, 이로써 발칸 반도에서 튀르크 지배의 기초가 구축되었습니다.

　　무라트 1세가 죽은 후 그의 아들인 바예지트 1세는 1390년에 비잔티움 제국의 요한네스 7세를 도와 그를 황제로 만들어 주었습니다. 이는 술탄이 콘스탄티노플을 점령하기 위한 첫걸음이었지요. 하지만 전임 황제의 아들인 마누엘 2세가 1390년 콘스탄티노플로 밀고 들어가서 자신과 아버지의 지배를 복구시키는 데 성공했습니다.

이에 바예지트 1세는 1391년 헝가리와 비잔티움 제국의 지원으로 반란을 일으킨 발칸 소국들을 다시 지배하고, 나아가 1393년 처음으로 불가리아를 점령하고 콘스탄티노플을 포위했습니다. 판사님, 이 시대와 관련하여 자세한 설명을 듣기 위해 할릴 파샤를 증인으로 신청하고자 합니다.

판사 허락합니다. 증인은 앞으로 나와서 선서해 주십시오.

할릴 파샤 선서! 나, 할릴 파샤는 진실만을 말할 것을 맹세합니다.

원고 측의 네 번째 증인으로 나선 할릴 파샤가 증인 선서를 하고 자리에 앉았다.

김딴지 변호사 증인, 당시 상황이 어떠했는지 설명해 주셨으면 합니다.

할릴 파샤 1397년과 1398년에 비잔티움 제국의 마누엘 2세는 바예지트 1세가 이끄는 오스만 제국 때문에 위협을 느끼고 서유럽의 여러 나라들에 도움을 요청했습니다.

김딴지 변호사 서유럽 국가들이 마누엘 2세를 도와주었습니까?

할릴 파샤 1396년에 헝가리를 중심으로 서유럽 십자군이 결성되

었으나, 1396년 니코폴리스 전투에서 오스만 제국의 군대에게 격파
당하고 맙니다.

김딴지 변호사　그랬군요.

할릴 파샤　비잔티움 제국에 그나마 다행인 것은, 우리의 술탄인
바예지트 1세가 1402년 앙카라 전투에서 티무르가 이끄는 몽골 인
들에게 패했다는 것이죠. 이 전투에서 패배한 것 때문에, 오스만 제
국에선 형제들 사이에 분열이 일어났습니다. 바예지트 1세의 맏아들
인 술레이만 첼레비는 소아시아를 다스리던 동생들과 투쟁하였지요.
1403년 술레이만은 비잔티움, 세르비아, 베네치아, 제노바 그리고
로도스와 조약을 맺고 동생 무사와 전쟁을 치렀으나 패하였습니다.

　그러나 이 패배로 말미암아 비잔티움 제국은 콘스탄티노플이 무
사의 군대에 포위되는 상황을 맞이하게 되었지요. 이에 비잔티움 제
국의 마누엘 2세는 술레이만의 또 다른 동생인 메메트 1세를 돕기로
했습니다. 그래서 새로운 술탄이 된 메메트 1세는 비잔티움 제국과
세르비아의 도움을 받아 무사와의 전쟁에서 이겼고, 이로써 분열되
었던 오스만 제국도 다시 통일되었습니다.

　이후 메메트 1세 술탄이 통치하는 동안 비잔티움 제국과 오스만
제국의 관계는 대체로 우호적이었지요.

김딴지 변호사　역사가인 미카엘 두카스에 따르면 메메트 1세가 무
사와의 전투에서 승리한 후 마누엘 2세에게 특별한 전갈을 보냈다
고 하던데, 혹시 알고 계십니까?

할릴 파샤　네. 그 내용은, "가서 내 아버지이신 로마 인의 황제에

게 고하시오. 신의 도움과 내 아버지 황제의 지원으로 나는 세습 영
토를 되찾았노라고. 지금부터 나는 아들이 아버지를 대하듯 그분을
섬길 것이오⋯⋯. 그분의 명령이라면 나는 어떤 것도 따를 것이며,
마치 그분의 하인처럼 그분을 기쁘게 하기 위해 모든 노력을 다할
것이오"라는 것입니다.

김딴지 변호사　　그 내용처럼 메메트 1세와 마누엘 2세 간에 좋은 관

계가 이어졌는데요, 여기에는 또 다른 이유가 있었다고 생각됩니다. 이 점에 대해서는 어떻게 생각하십니까?

할릴 파샤　　좋은 지적을 하셨습니다. 그 당시 오스만 제국은 10년에 걸친 내전으로 법과 질서를 회복하고 나라 안을 평화롭게 만드는 것이 무엇보다 절실했습니다. 평화를 확보하는 최선의 길은 비잔티움 제국뿐만 아니라 세르비아, 불가리아, 왈라키아 등 발칸 반도의 기독교 국가들과도 우호 관계를 맺는 것이었지요.

김딴지 변호사　　그렇다면 메메트 1세가 마누엘 2세에게 보낸 전갈의 내용은 필요에 의한 것이지 진심으로 술탄이 황제를 존경하여 보낸 내용은 아니로군요?

할릴 파샤　　흠……. 그렇다고 볼 수 있습니다. 아마 마누엘 2세도 오스만 제국을 곧이곧대로 믿지는 않았을 것입니다.

김딴지 변호사　　어쨌든 메메트 1세 때의 평화와는 달리, 그의 사후 새로 술탄이 된 무라트 2세 때에는 두 나라 사이가 좋지 않았다고 하던데, 무라트 2세가 아버지와 달리 비잔티움 제국에 대해 공격적인 성향을 보였던 건가요? 바로 바예지트 1세의 공격적인 성향을 추종한 것일까요?

할릴 파샤　　그럴 수도 있지요. 하지만 오스만 제국의 법과 질서가 회복되고 정부 기구도 안정되었기 때문이라고도 말할 수 있겠습니다.

김딴지 변호사　　증인, 무라트 2세는 어떤 사람입니까?

할릴 파샤　　그는 바예지트 술탄 시대의 영토를 회복한 것은 물론이고 유럽과 소아시아에서 세력을 더욱 넓혔습니다. 그 당시 무라트 2세 술탄은 앙카라 전투 이후 침식당했던 소아시아 지역을 평정했을 뿐만 아니라, 성공하지는 못했지만 1422년 콘스탄티노플을 포위 공격했으며, 1430년에는 강력한 함대를 앞세우고 베네치아를 격파했고, 1434년에는 헝가리와 대결하기 시작해 1439년에는 헝가리에 복속되어 있던 세르비아를 완전히 장악했지요.

그리고 1444년에는 발칸 반도의 마지막 저항 세력인 헝가리를 **바르나 전투**에서 격파하고 유럽 진출의 발판을 마련했습니다. 이런 공격적인 면을 볼 때, 어쨌든 제가 모신 술탄은 바예지트 술탄의 공격적 성향을 추종했다고 볼 수 있습니다.

김딴지 변호사 증인은 무라트 2세뿐만 아니라 메메트 2세도 모셨지요?

할릴 파샤 네, 그렇습니다.

김딴지 변호사 메메트 2세는 무라트 2세의 훌륭한 계승자였습니까?

할릴 파샤 1433년 무라트 2세 술탄의 셋째 아들로 태어난 메메트 2세는 불우한 어린 시절을 보냈습니다. 왜냐하면 무라트 2세 술탄이 메메트 2세의 이복 형인 아메트와 알리를 노골적으로 편애했기 때문입니다. 그들은 둘 다 좋은 가문 출신의 어머니를 둔 데 비해 메메트 2세의 어머니는 하렘의 여자 노예였기 때문이지요.

메메트 2세 술탄이 여섯 살 나던 해에 소아시아 북부 **속주**인 아마사의 총독으로 있던 이복 형 아메트가 죽자, 술탄은 아마사의 총독

바르나 전투
불가리아 동북부 흑해 연안에 있는 항구 도시인 바르나에서 있었던 전투로 서유럽과 터키와의 관계에 중요한 의미를 가지는 사건입니다.

속주
어느 나라에 속해 있는 주를 의미합니다.

이 되셨습니다. 그러다가 1444년에 이복 형 알리마저 자기 침대에서 목이 졸려 죽는 바람에 메메트 2세 술탄은 갑자기 무라트 2세 술탄의 계승자가 되셨지요. 곧이어 당대 최고의 석학들에게서 가르침을 받게 되었는데, 그 덕분에 튀르크 어, 아랍 어, 그리스 어, 라틴 어, 페르시아 어, 히브리 어에 두루 능통했을 뿐만 아니라 이들 석학들과 더불어 학문과 문학의 토대를 마련하여 후대에 공헌하게 되었습니다. 이런 걸 볼 때 어릴 때 불운했음에도 불구하고 메메트 2세 술탄은 무라트 2세 술탄의 훌륭한 계승자였다고 할 수 있습니다.

김딴지 변호사   무라트 2세는 만년의 6년 동안 두 차례나 아들인 메메트 2세에게 왕위를 넘겼는데, 그때마다 증인이 무라트 2세를 설득하여 다시 국정에 임하도록 하셨습니다. 전하는 바에 따르면 젊은 메메트 2세는 오만하고 고집스러워서 증인의 충고를 전혀 귀담아듣지 않았다고 하던데, 사실입니까?

할릴 파샤   그런 면이 좀 있었지요.

김딴지 변호사   그렇다면 메메트 2세는 훌륭한 계승자가 아니지 않습니까?

    할릴 파샤는 미처 답을 하지 못하고 진땀을 흘렸다. 신문을 마친 김딴지 변호사는 자리로 돌아가 앉았다.

판사   피고 측 변호인, 신문하시겠습니까?

이대로 변호사   네. 증인에게 묻겠습니다. 1403년에 오스만 제국의

술레이만이 동생들과 투쟁하기 위해 테살로니카와 트라키아, 칼키디케, 아토스 산을 포함한 그 인근 지역, 보스포루스 어귀에서부터 멀리 메셈브리아와 바르나에 이르는 긴 흑해 연안, 스키로스와 스키아토스, 스코펠로스 등 에게 해의 섬들을 비잔티움 제국의 마누엘 2세에게 반환한 것으로 알고 있습니다. 그런데 마누엘 2세는 이 영토를 제대로 지키지 못했습니다. 그 원인이 어디에 있다고 생각하십니까?

할릴 파샤　　　마누엘 2세가 술레이만과 그의 동생 무사의 성격을 제대로 파악하지 못한 것이 첫 번째 원인입니다. 술레이만은 너그럽고 원만한 성격으로 싸움보다는 협상을 원했고, 한편으로는 사치스럽고 방탕한 삶을 즐겼지요. 이에 반해 무사는 바예지트처럼 호전적이고 잔인한 데다 패기와 능력이 있었고, 기독교에 대해선 증오심을 품고 있었습니다.

두 번째로, 1410년 술레이만과 동생 무사 간에 전투가 벌어졌을 때 마누엘 2세는 술레이만을 도와 무사의 군대를 전멸할 필요가 있었어요. 그런데 그러지 못했다는 게 두 번째 원인이지요. 물론 이 전투에서 술레이만이 승리하긴 했지만 무사의 군대는 완전히 전멸하지 않았고, 그 후 무사가 군대를 다시 모으는 동안 술레이만은 궁전에서 방탕한 생활을 일삼았지요. 1411년 초에는 술레이만의 군대가 그를 버려 아드리아노플은 전투 한번 제대로 해보지 못하고 함락되었습니다.

그 결과 무사는 1403년의 조약을 폐지하고 술레이만이 내놓았던 여러 가지 양보를 취소하고 테살로니카를 공략하는 한편, 자신의 군대로 하여금 무자비하게 촌락들을 파괴하면서 콘스탄티노플을 포위하게 했지요. 물론 비잔티움 제국은 1413년 메메트 1세 술탄과 함께 무사의 군대를 몰아낸 뒤 메메트 1세 술탄과는 평화를 유지했지만, 당시 비잔티움 제국은 적에 대해서 제대로 간파하지 못했고 전술 또한 실수투성이였어요.

이대로 변호사　　그것은 1421년에 무스타파를 사주하여 무라트 2세에게 대항했던 경우에서도 찾아볼 수 있을 것 같은데, 이 점에 대해서는 어떻게 생각하십니까?

　왜 비잔티움 제국은 멸망했을까?

할릴 파샤 그때도 비잔티움 제국은 판단을 제대로 하지 못한 점이 있긴 했습니다. 1421년 비잔티움 제국 내부에서는 젊은 요한네스 8세와 호전적 세력으로서 목소리를 높여 가던 자들이 그리스에게 해 북동부의 렘노스 섬에 갇혀 있던 무스타파를 사주하여 무라트 2세에게 대항하게 했지요. 물론 늙고 지쳐 있던 마누엘 2세는 그 제안에 경악했지만 요한네스 8세의 강경한 태도에 단념하고 말았습니다.

하지만 그들의 판단이 잘못되었다는 것이 곧 사실로 드러났지요. 무스타파는 비잔티움 제국의 도움으로 루멜리아의 대부분을 장악했지만 애초에 약속했던 칼리폴리스를 제국에 내주려 하지 않았습니다. 게다가 그것은 시작에 불과했지요. 1422년 초에 무스타파는 무라트 2세에게 참패당하고 처형되었지만, 분노가 풀리지 않은 무라트 2세가 비잔티움 제국에 대해 본격적으로 호전성을 드러냈기 때문입니다.

다시 말해, 또 한 번의 잘못된 판단이 비잔티움 제국을 위기에 빠뜨렸던 것이지요. 1422년 6월에 무라트 2세는 콘스탄티노플을 포위 공격했습니다. 콘스탄티노플은 튼튼한 방어 시설로 이 공격을 막아 내기는 했지만, 이는 30년 후(1453년)에 있을 콘스탄티노플 함락의 결정적인 전초전이었지요.

이대로 변호사 존경하는 판사님, 그리고 배심원 여러분, 방금 증인의 증언에서 증명되었다시피, 비잔티움 제국의 수도인 콘스탄티노플이 함락 위기에 놓이게 된 것은 순전히 저들의 미숙한 판단 때문이었습니다!

이대로 변호사의 말이 끝나자, 김딴지 변호사가 바로 말을 이었다.

김딴지 변호사　판사님, 콘스탄티누스 11세를 증인으로 불러 콘스탄티노플 함락 직전에 무슨 일이 일어났는지를 신문하고자 합니다.

판사　좋습니다. 증인 콘스탄티누스 11세는 앞으로 나와 증인 선서를 해 주십시오.

콘스탄티누스 11세　선서! 나, 콘스탄티누스 11세는 양심에 따라 숨김과 보탬이 없이 진실만을 말할 것을 맹세합니다. 나는 안타깝게도 비잔티움 제국의 마지막 황제가 된 콘스탄티누스 11세요. 사실 내가 즉위했을 때 비잔티움 제국은 이미 힘이 많이 약해져 있었어요. 그러한 상황에서도 나는 황제로서 서유럽의 지원을 이끌어 내고자 노력하였지요.

콘스탄티누스 11세가 증인 선서를 하고 간단히 자신을 소개했다.

　왜 비잔티움 제국은 멸망했을까?

2

콘스탄티노플 함락 직전에
무슨 일이 있었을까?

김딴지 변호사 　증인은 콘스탄티노플이 함락되던 해인 1453년까지 비잔티움 제국의 황제로 계셨으니 함락 직전에 무슨 일이 있었는지 잘 아실 것입니다. 그 당시의 상황에 대해 말씀해 주시겠습니까?

콘스탄티누스 11세 　그렇게 하지요. 1451년에 무라트 2세가 사망하고 메메트 2세가 정식으로 술탄 자리를 계승했습니다. 메메트 2세에 의한 콘스탄티노플 정복 시대가 열린 셈이지요. 그 당시 젊은 술탄은 열아홉 살이었습니다. 하지만 그의 등장은 비잔티움, 왈라키아, 제노아, 헝가리 등지에서 사절을 파견할 정도로 인근 유럽 국가들을 긴장시켰지요. 메메트 2세의 정치적 지상 과제는, 선왕들의 유업을 이어 비잔티움 제국을 점령하여 오스만 제국의 확고한 중심지로 삼은 후 세계 국가를 건설하는 것이었습니다. 그 당시 메메트 2세가 보

사절
나라를 대표하여 일정한 사명을
띠고 외국에 파견되는 사람을
말합니다.

터번
이슬람교도나 인도인이 머리에
둘러 감는 수건을 가리킵니다.

스포루스 해안에서 콘스탄티노플과 아주 가까운 곳에 강력한 요새(루멜리 히사르)를 세웠는데, 우리는 이것이 콘스탄티노플 정복을 위한 준비라는 것을 알고 있었습니다.

김딴지 변호사　　그럼 증인은 그 당시 어떤 준비를 하셨습니까?

콘스탄티누스 11세　　저는 모든 희망을 서유럽의 지원에 걸었습니다. 실현 가능성은 약했지만, 다른 희망은 전혀 없었지요. 그래서 저는 과거에 실패했던 그리스 정교회와 로마 가톨릭의 재결합을 통해 서유럽의 지원을 이끌어 내고자 노력했습니다. 1452년 콘스탄티노플이 함락되기 다섯 달 전, ▶성 소피아 대성당에서 교회 통합을 포고하고 로마식으로 미사를 올렸지요. 하지만 국민들은 이에 대해 엄청나게 격앙했습니다.

김딴지 변호사　　나라가 긴박한 궁지에 몰렸는데도 국민들이 황제의 정책에 반대한다는 것은, 국민들도 이미 제국을 포기했음을 의미하지 않습니까?

콘스탄티누스 11세　　꼭 그렇다고 볼 수는 없어요. 과거에 4차 십자군이 콘스탄티노플을 함락시켜 라틴 제국을 건설한 것을 생각해 보면 국민들의 행동을 이해할 수 있습니다.

교과서에는

▶ 6세기에 축조된 성 소피아 성당은 로마의 바실리카 양식과 페르시아의 돔 양식이 결합된 비잔티움 양식의 대표적인 건축물입니다.

김딴지 변호사　　하지만 증인, 비잔티움 제국의 상황이 아무리 좋지 않다고 하더라도 황제가 "나는 이 도시 한복판에서 라틴 인의 주교관을 보느니 차라리 튀르크 인의 **터번**을 보고 싶노라"라고 말한 것은 너무 심하다고 생각하지

않습니까? 바로 이런 행동이 전체 사기를 떨어뜨려 콘스탄티노플이 함락되었다고 생각하지는 않습니까?

콘스탄티누스 11세   그 당시 저도 마음의 상처를 입었습니다. 제 말이 군대의 사기를 떨어뜨린 점도 있었겠지만, 콘스탄티노플의 함락은 군인이나 무기로 볼 때 중과부적이었지요.

김딴지 변호사   알겠습니다. 그럼 증인, 콘스탄티노플이 함락되던 해인 1452년 말과 1453년의 상황에 대해 말씀해 주세요.

중과부적
적은 수효로 많은 수효를 대적하지 못하는 것을 의미하며, 어떤 일이 힘에 부칠 때 사용하는 말입니다.

콘스탄티누스 11세　　그렇게 하지요. 1452년 말에 제가 시도했던 그리스 정교회를 가톨릭으로 개종하는 교회 통합은 실패했습니다. 그리고 서방이 콘스탄티노플을 도와주지 않은 것도 교회 통합 실패 때문만은 아니었지요.

　　당시 서방 세력들은 서로 이해관계가 상충했어요. 영국과 프랑스는 **백년전쟁**으로 비틀거리고 있었고, 심지어 에스파냐의 아라곤과 이탈리아의 나폴리를 지배했던 알폰소 5세는 콘스탄티노플에 새로운 라틴 제국을 건설하여 자신이 황제의 관을 쓰기를 열망하고 있었지요.

　　바로 이러한 시기에 메메트 2세는 이미 콘스탄티노플의 점령을 준비하고 있었습니다. 선왕 바예지트가 보스포루스의 아시아 쪽에 이미 건설한 아나돌루 성채에 이어 1킬로미터 폭의 바다 건너 유럽 쪽에 루멜리 히사르 성채를 축조함으로써 보스포루스 통행권을 장악하고 흑해로부터의 위협을 차단하였으며, 동시에 비잔티움 제국에 경제적 압박을 가할 수 있게 되었지요.

　　또한 우르반이라는 독일의 기술자를 통해 600킬로그램의 포탄을 2킬로미터 가까이 날려 보낼 수 있는 길이가 9미터에 가까운 거대한 대포도 만들었지요. 그리고 병사들에게는 갑옷과 무기, 공성 무기들을 제대로 갖추고 휴가를 모두 연기하라고 명령을 내린 후 비정규군과 용병까지 총동원하여 콘스탄티노플 함락 준비를 마쳤습니다.

김딴지 변호사　　튀르크 문헌에 따르면 병사들의 규모가 10만 명이 넘었다고 하는데 사실입니까?

콘스탄티누스 11세 정확한 숫자는 잘 모르겠습니다. 아무튼 어마어마한 숫자의 튀르크 병사들이 콘스탄티노플 성벽 아래에 집결했습니다.

김딴지 변호사 그 당시 콘스탄티노플 안의 전쟁 준비 상태는 어떠했습니까?

콘스탄티누스 11세 저도 전쟁 준비를 했지요. 당시 우리 군사는 비잔티움 인 5000명과 외국인 수비대 2000명을 합쳐 7000명이었고, 남녀노소 시민들이 저의 지휘 아래 방어 태세를 갖추었습니다. 성

벽을 보강하고, 해자를 청소하고, 식량, 화살, 연장, 무거운 돌, 그리스 화약 등 적을 물리치는 데 필요한 모든 것을 비축했지요.

4월 6일 금요일 새벽이 되자 '꽝!' 하고 대포가 첫 포성을 울렸지요. 이 무렵 교황은 자비를 들여 마련한 식량과 군수품을 실은 제노바 선박 세 척을 콘스탄티노플로 보내 주었고, 베네치아도 한 척에 400명씩 병력을 태운 수송선 두 척과 함대를 보내왔습니다. 4월달 전쟁에선 우리가 이겼지요.

하지만 5월 29일에 메메트 2세의 총공세가 다시 시작되었습니다. 우리는 5월 28일 분위기가 심상치 않다는 것을 알고 하루 종일 교회 종을 울려 심각한 상황을 알렸습니다. 그날 낮에 병사들이 성벽 보수를 하는 동안 성직자와 그 뒤를 따르는 군중은 도시 곳곳을 돌며 기도를 했지요. 날이 저물자 하층 서민에 이르기까지 모든 콘스탄티노플 주민들이 종소리를 들으면서 성 소피아 대성당으로 모여들어 마지막 미사를 드렸습니다.

이날 미사는 마지막 기도회로 저와 함께 신하들도 참석했지요. 이 미사 마지막에 이시도로스 대주교가 "형제들에게 축복을!"이라고 말하자, 제단 앞에 무릎 꿇고 있던 사람들은 서로 껴안았습니다. 그리고 미사가 끝난 뒤 참석자들은 각자의 집으로, 또는 각자의 수비 위치로 돌아갔지요. 그 후 저는 방위군 중역들을 소집하여 곧 시작될 마지막 전투에서 잘해 줄 것을 부탁했습니다.

김딴지 변호사　　그때 증인이 마지막으로 하신 말씀이 있지요?

콘스탄티누스 11세　　네. 저는 모두에게 이렇게 말했습니다.

　"사람은 항상 자신의 신앙이나 조국, 아니면 자기 가족이나 섬기는 자를 위해 죽음도 달게 받을 각오를 해야 하는 법이다. 우리는 이제 이 모든 것을 위해 싫든 좋든 죽음을 각오해야 하는 상황에 놓이게 되었다. 나도 여러분과 운명을 함께할 것이다."

김딴지 변호사　　대단히 비장한 각오군요. 그 후에는 상황이 어떻게 진행되었습니까?

콘스탄티누스 11세　　다음 날 ▶대포 소리와 적의 공격을 알리는 교회의 종소리가 '땡땡땡!' 요란하게 울리는 가운데 성벽이 무너졌습니다. 이는 두 달에 걸친 포격 끝에 오스만 제국 군이 이루어 낸 성과였지요. 우리 수비군은 거의 마지막 한 사람까지 싸웠습니다. 물론 저도 전쟁 중에 전사했지요.

　콘스탄티누스 황제의 증언에 법정 전체가 숙연한 분위기에 휩싸였다.

김딴지 변호사　　존경하는 판사님, 이제 피고 메메트 2세를 불러 콘스탄티노플 함락에 대해 직접 들어 보고자 합니다.

판사　　좋습니다. 피고 메메트 2세는 먼저 자기소개부터 해 주세요.

　피고인 메메트 2세가 침착한 태도로 입을 열었다.

교과서에는

▶ 비잔티움 제국은 15세기 중엽에 오스만 제국에 의해 콘스탄티노플이 함락됨으로써 멸망하고 맙니다.

사람은 항상 자신의 신앙이나 조국, 아니면 자기 가족이나 섬기는 자를 위해 죽음도 달게 받을 각오를 해야 하는 법이다.

이제 우리의 제국도 저무는구나.

하디스
이슬람교 예언자인 마호메트의 언행의 전승을 말합니다.

메메트 2세　　나 메메트 2세는 오스만 제국의 술탄으로서 비잔티움 제국을 멸망시키고 콘스탄티노플로 도읍을 옮겼어요. 발칸 반도로 영토를 확장하고 흑해를 제패했지요.

김딴지 변호사　　증인은 왜 콘스탄티노플을 점령하고 비잔티움 제국을 멸망시켰습니까?

메메트 2세　　이슬람교의 예언자 마호메트께서 콘스탄티노플의 점령을 당부한 하디스의 가르침을 따르는 동시에, 선왕들의 유업을 이어 콘스탄티노플을 점령하여 오스만 제국의 확고한 중심지로 삼은 후 세계 국가를 건설하는 게 내 정치적 과제였어요.

오스만 제국 내부의 패권 다툼에서 세력 약화를 우려한 재상과 정통 튀르크 귀족 관료들은 이 정책에 매우 반대했지요. 그들은 비잔티움 제국에 대한 공격이 교황 및 유럽 국가들을 자극하여 또 다른 십자군 원정을 유도하게 된다고 주장했어요.

하지만 오스만 제국에 의해 이미 사방이 점령당하여 콘스탄티노플 중심의 한 성곽 도시로 전락한 비잔티움 제국이란 걸림돌은, 오스만 제국의 유럽 진출을 위해 제거되어야 했지요. 특히 동방 무역의 이익을 독점한 오스만 제국이 지중해와 유럽으로 향하는 교역로를 확보하기 위해서도 콘스탄티노플은 반드시 점령해야만 했어요.

김딴지 변호사   증인은 열아홉 살에 즉위한 뒤 몇 달 지나서 헝가리의 야노슈 후냐디, 세르비아의 게오르게 브랑코비치, 베네치아의 **도제** 프란체스코 포스카리 등과 두루 조약을 맺었으며, 왈라키아 공작, 로도스의 요한 기사단, 레스보스와 키오스의 제노바 영주들에게는 우호적인 전갈을 보냈고, 또한 즉위를 축하하러 온 콘스탄티누스 11세의 사절들에게는 비굴할 정도로 굽실거린 것으로 알고 있는데, 이러한 모든 것은 다 거짓이었습니까?

메메트 2세   그건 전략상 필요한 행동이었지요. 나의 의도를 숨기고 적을 안심시키는 것은 고대로부터 늘 사용되어 온 전략 아닙니까?

김딴지 변호사   그렇지만 조약을 지키는 것도 국가가 꼭 지켜야 할

도제
지도자라는 뜻으로, 중세 이탈리아 도시 국가의 수장을 가리키며, 보통 베네치아의 수장을 말합니다.

도리라고 생각합니다. 술탄처럼 국제적인 조약을 그렇게 쉽게 무시하고 공격성을 드러낸다면 앞으로 누가 조약을 맺겠습니까?

메메트 2세   국제적인 조약보다는 자국의 이익이 우선입니다.

피고 메메트 2세의 발언에 방청석에서 야유가 터져 나왔다.

"저런 신뢰할 수 없는 인간이 어떻게 한 나라의 술탄이야!"

"앞으로 터키하고는 조약을 맺지 말아야 되겠군."

메메트 2세   고대로부터 오늘날에 이르기까지 역사적으로 보면 자국의 이익을 위해 국제적인 조약을 무시한 경우가 많습니다. 4차 십자군도 자신들의 이익을 위해 콘스탄티노플을 정복하고 라틴 제국을 건설하지 않았습니까? 왜 나는 안 되는 것입니까?

또다시 방청석 한쪽에서 야유의 소리가 터져 나왔다.

"그것하고 4차 십자군의 콘스탄티노플 정복은 다르잖소."

그러자 다른 쪽에서 이런 소리가 터져 나왔다.

"무엇이 다르다는 것이오? 우리 술탄께서는 위대한 일을 하셨소."

판사   조용히 하세요! 원고 측 변호인, 질문이 더 있습니까?

김딴지   네. 먼저 이 말을 잘 들어 주십시오. 피고는 지금 국제 조약을 어긴 자신의 행동이 정당하다고 말하고 있습니다. 자국의 이익을 위해 언제든지 어길 수 있다면 국제 조약은 무용지물입니다. 피

고는 즉위하신 해(1451) 가을에 비잔티움 제국의 소유지였던 곳에 루멜리 히사르 성채를 축조해 보스포루스 통행권을 장악하고 동시에 비잔티움 제국에 경제적 압박을 가하셨지요?

메메트 2세　그렇습니다.

김딴지　그게 조약을 맺은 지 몇 달 지나지 않은 시점인데, 국제 조약을 너무 빨리 무시한 것이 아닙니까? 그 당시 콘스탄티누스 11세는 사절단을 보내 조약문의 잉크가 채 마르기도 전에 엄숙한 조약을 위반하지 말라고 항의했는데, 피고는 사절단 접견조차 하지 않고 이들을 처형하셨지요?

메메트 2세   네, 그렇습니다.

김딴지 변호사   피고는 국제 조약을 어긴 일을 눈 하나 깜짝하지 않고 쉽게 말하는군요.

판사   원고 측 변호인의 신문에 이어 피고 측 변호인, 신문하시겠습니까?

이대로 변호사   네.

피고께서 콘스탄티노플 함락에 대해 설명하셨는데요. 제가 생각하기로는 그 당시 발칸 반도에 있는 모든 나라들이 오스만 제국을 적대시했는데, 이러한 상황도 피고가 콘스탄티노플을 꼭 함락시켜야 하는 이유가 되었나요?

메메트 2세   네. 그러한 상황도 원인이 되었지요. 왜냐하면 우리는 주변국에 둘러싸여 있었는데, 우리가 세르비아나 불가리아나 헝가리와 전투를 벌일 때 비잔티움 제국이 배후에서 우리를 위협할 수 있었지요. 그래서 콘스탄티노플을 정복해야 했습니다.

이대로 변호사   1453년 4월 5일 콘스탄티노플 성문에 도착해서 비잔티움 제국 황제에게 항복을 요구하셨는데, 왜 바로 공격하지 않았던 겁니까?

메메트 2세   그건 이슬람 전통이에요. 하지만 이 항복 요구가 거절되자, 우리 측은 대포 발사와 함께 본격적인 공세를 펼쳤지요.

이대로 변호사   그 당시 육상으로 진출하기는 어려웠다고 들었습니다. 어떤 전술로 콘스탄티노플을 함락시켰습니까?

메메트 2세　　성벽이 워낙 튼튼해서 육상 진출은 어려웠지요. 그래서 해상을 통해 이 문제를 해결하려고 했습니다. 하지만 **골든혼** 양안이 쇠사슬로 연결되어 있어서 선박이 진입할 수가 없었지요. 할 수 없이 우리는 야음을 틈타 67척의 전함을 육지로 옮긴 뒤 언덕을 넘어 골든혼 내해에 진입시켰습니다. 이에 비잔티움 제국의 결사 항전에 구멍이 뚫리고 5월 29일 토프카프 성벽이 무너지면서 콘스탄티노플은 일시에 점령되었지요.

이대로 변호사　　마지막으로 한 가지만 더 묻겠습니다. 증인은 콘스탄티노플, 다시 말해 오늘날의 이스탄불이 터키에 그대로 속해 있는 것이 옳다고 생각하십니까, 아니면 과거에 비잔티움 제국을 멸망시킨 죗값으로 이를 다시 콘스탄티노플로 돌려주어 재건시켜야 한다고 생각하십니까?

메메트 2세　　콘스탄티노플을 돌려준다고요? 말도 안 됩니다. 만약 콘스탄티노플을 돌려주는 것이 맞다면, 오늘날 많은 나라들이 과거의 행위로 말미암아 자신들의 영토 중 일부나 혹은 많은 부분을 돌려주어야 할 것입니다. 그런데 과연 자기네 영토를 돌려줄 나라가 있을까요?

이대로 변호사　　답변 감사합니다.

판사　　양측에서 할 이야기를 충분히 한 것 같습니다. 오늘 재판에선 메메트 2세가 콘스탄티노플을 함락시킨 이유에 대해 알아보았습

골든혼

지금은 터키 이스탄불의 내항으로 금각만이라고도 불립니다. 천혜의 항구이자 자연적인 방어 요충지로 비잔티움 제국의 해군 선단 본부가 위치해 있었지요. 해안선을 따라 성벽이 세워져 콘스탄티노플을 보호하고 있었습니다.

니다. 메메트 2세는, 이슬람교의 예언자 마호메트가 콘스탄티노플을 점령하라고 했고, 이것이 선왕들의 유업이며, 또 오스만 제국의 유럽 진출을 위해 콘스탄티노플을 점령했다고 말했습니다. 저와 배심원은 양측의 주장을 충분히 고려해서 판결을 내리겠습니다. 잠시 휴정한 후 원고와 피고의 최후 진술을 듣고 재판을 마치겠습니다.

왜 비잔티움 제국은 멸망했을까?

다알지 기자

　　마지막 재판을 마친 지금, 저는 세계사법정 앞에 나와 있습니다. 오늘은 과연 메메트 2세가 무라트 2세의 훌륭한 계승자였는지를 증인 할릴 파샤를 불러 들어 보았습니다. 증인에 따르면 메메트 2세는 오만방자한 면이 있긴 했으나 영토를 넓히고 제국을 일군 술탄이라 합니다. 한편 이번 재판의 핵심이라고도 할 수 있는 콘스탄티노플의 함락과 관련해 함락 직전에는 과연 어떤 일이 펼쳐졌는지에 대해서도 살펴보았습니다. 마침 재판을 마친 원고와 피고가 나오는군요. 원고인 콘스탄티누스 1세 황제와 피고인 메메트 2세 술탄을 이 자리에 모셨습니다.

메메트 2세

　　법정에 서 보기는 오늘이 처음입니다. 피고로서 법정에 서는 기분은 묘하더군요. 김딴지 변호사가 저를 죄인인 양 다룰 때는 화도 났지만 저는 당당했습니다. 왜냐하면 국가의 이익이 최우선이기 때문입니다. 저는 콘스탄티노플을 왜 정복했는지에 대해 할 말을 분명히 했습니다. 방청석에서 저를 비난하는 야유도 들렸지만, 다른 의견도 인정하는 것이 민주주의 사회 아닙니까! 또한 야유를 한다는 것은 저의 발언을 잘 경청했다는 증거도 되지요. 제가 발언할 때 모두들 열심히 듣는 모습을 보고, 오히려 피고가 되어 법정에 서기를 잘했다는 생각이 들었어요. 모두들 궁금해하는 이야기였는데 한 번은 해명을 할 필요가 있었거든요.

콘스탄티누스 1세

　이번 재판을 통해 그동안 제가 하고 싶었던 이야기가 조금이나마 전달된 듯해 속 시원합니다. 이제 모든 사람들은 알았을 것입니다. 오스만 제국이 어떻게 비잔티움 제국을 서서히 괴롭히면서 멸망시켰는지 말입니다. 국제 조약을 지키는 것은 대단히 중요합니다. 국가 간 신뢰가 있어야 국제 질서가 유지됩니다. 국제 조약을 파기한다는 것은 영토 정복 야욕이 있기 때문이지요. 국제 평화를 지키려는 나라는 절대로 그러한 행동을 하지 않습니다. 이런 점이나 훗날 오스만 제국이 이룩했던 거대한 영토 정복으로 미루어 볼 때 튀르크 족은 단순히 생존을 위해 비잔티움 제국을 멸망시켰다기보다는 몽골처럼 거대한 제국을 건설하려는 야욕 때문에 비잔티움 제국을 멸망시켰으며, 나아가 비잔티움 제국은 오스만 제국이 정복한 많은 나라들 가운데 한 나라에 불과했다는 점을 밝히고자 합니다.

콘스탄티노플은 긴 세월 유럽을 지켜 낸 관문이오.

vs

콘스탄티노플 점령은 오스만 제국의 이익을 위해
어쩔 수 없는 일이었소.

판사 이제 원고와 피고의 최후 진술을 듣겠습니다. 최후 진술은 판결에 매우 중요한 영향을 주는 만큼, 꼭 해야 할 말을 잘 정리하여 신중하고 주의 깊게 진술해 주시기 바랍니다.

콘스탄티누스 1세 존경하는 판사님, 그리고 배심원 여러분, 저는 참으로 비통한 심정으로 이 자리에 섰습니다. 저는 324년부터 330년까지 로마 제국의 동쪽, 바다와 언덕으로 둘러싸인 곳에 로마를 모방하여 새로운 수도를 만들었지요. 이 도시의 주민들은 저의 위대함과 영광을 기념하기 위해 이 도시를 '콘스탄티누스의 도시'라는 뜻으로 '콘스탄티노플'이라고 불렀습니다.

이 도시는 14개 지역으로 나누어져 있었고, 7개의 언덕에는 나이든 정치인들이 모이는 원로원을 비롯해서 황제가 사는 황궁, 마차들이 경주하는 대경기장, 오늘날의 큰 목욕탕과 비슷한 공공 목욕탕, 그리고 아름다운 성 소피아 대성당이 세워져 있었지요. 바로 이 도시가 중앙아시아에서 생존을 위해 도망쳐 온 튀르크 족에 의해 오늘날의 이스탄불이 되었다는 것은 참으로 원통한 일입니다.

이 도시는 아시아에서 유립으로 건너 들어오는 관문에 위치해 페르시아, 아랍, 튀르크 인들의 침입으로부터 1000년 이상 유럽을 지켜 내었습니다. 또한 이 도시는 세계 각지에서 물건을 사고파는 상인들이 몰려들었던 곳으로, 거리는 항상 시끌벅적하고, 수많은 작업장에서는 물건을 만드는 소리가 요란했으며, 상점은 물건을 사고파는 소리로 조용한 날이 없었습니다. 거리를 걷다 보면 72개국에서 온 다양한 복장의, 피부색이 제각각인 상인들을 볼 수 있었지요. 이처럼 콘스탄티노플은 다양한 사람들과 많은 물건들이 모이는 국제도시로 1100년 동안 비잔티움 제국의 수도 역할을 했어요.

그런데 오늘날 이 도시는 터키의 수도가 아닌 관광 도시로 전락하지 않았습니까? 다시 말해 터키인들은 이 도시를 잘 관리하지 못하고 있습니다. 물론 튀르크 족이 소아시아로 진출했을 때 초기에 일망타진했어야 하는데 이들을 대수롭지 않게 여기고, 또한 비잔티움 제국 내부에 분열이 생길 때마다 튀르크 족을 동원하곤 했던 것이 잘못되어 결국 나라를 망친 것은 비잔티움 황제들의 책임이 크다고 봅니다.

하지만 튀르크 족의 욕심도 너무 지나쳤다고 생각합니다. 소아시아를 튀르크 족에게 내준 것만도 억울한데, 튀르크 족은 발칸 반도까지 장악하지 않았습니까? 또한 국제 조약을 몇 달 만에 깨고 콘스탄티노플을 정복하지 않았습니까?

그래서 저는 이 자리를 통해 콘스탄티노플을 저에게 돌려달라고 주장합니다. 존경하는 판사님, 배심원 여러분, 저의 억울함을 조금이라도 풀어 주셨으면 감사하겠습니다.

메메트 2세 여러분, 분명히 말하지만 저는 세계를 정복하려는 야욕을 가진 술탄이 아니었습니다. 단지 콘스탄티노플을 점령하라는 이슬람교의 예언자 마호메트의 당부와 선왕들의 유업, 그리고 오스만 제국의 이익을 위해 콘스탄티노플을 점령했습니다.

앞서 오르한 1세 술탄의 증언에서도 알 수 있듯이, 비잔티움 제국은 베네치아, 제노바, 세르비아, 헝가리, 불가리아 등 많은 나라들의 공격 대상이었습니다. 또한 비잔티움 제국은 이들 나라들과 전쟁하는 동안 너무 약해져서 스스로 버티기 어려웠지요. 우리 튀르크 인들이 비잔티움 제국을 재건하기 위해 용병으로 혹은 군사 원조를 통해 도와주었지만, 비잔티움 제국은 황제 자리 다툼을 벌이면서 스스로 약해져 갔습니다.

만약 우리가 비잔티움 제국을 멸망시키지 않았다면 유럽의 다른 나라가 멸망시켰을 것입니다. 비잔티움 제국이 멸망하기 직전에 서방에 도움을 요청했을 때, 에스파냐의 아라곤과 이탈리아의 나폴리를 지배했던 알폰소 5세는 콘스탄티노플에 새로운 라틴 제국을 건설하여 자신이 황제가 되기를 열망했지 않습니까? 이런 점으로 미루어 볼 때 강대국이 약소국을 병합하는 것은 당연하다고 생각됩니다.

역사적으로도 이와 같은 예를 많이 찾을 수 있습니다. 근대 유럽의 제국주의 시대 때 유럽인들은 세계 곳곳으로 나아가 식민지를 건설했습니다. 미국도 영국의 식민지였지 않습니까? 물론 강대국이 약소국을 강제로 병합한다든지 식민지로 만드는 일은 오늘날 민주주의 시대에는 없어야 하겠지요. 하지만 과거에 이루어진 것을 다시 주워 담을 수는 없습니다.

그리고 콘스탄티누스 황제가 이스탄불을 돌려달라고 하는데 이는 어불성설입니다. 왜냐하면 앞서도 증언했듯이, 과거에 병합된 땅을 지금 와서 돌려달라고 하면 현재 미국 땅은 미국 인디언들에게 돌려주어야 하고 남아메리카의 여러 나라의 땅도 그 지역 원주민들에게 돌려주어야 합니다. 물론 오스트레일리아나 뉴질랜드도 마찬가지지요. 판사님과 배심원 여러분께서 바른 평가를 내려 주시기를 부탁드립니다. 감사합니다.

판사   지금까지 원고와 피고, 원고 측 변호인과 피고 측 변호인, 여러 증인들과 배심원단 여러분, 모두 수고 많으셨습니다. 배심원단의 판결서는 4주 후에 저에게 전달될 예정이며 저는 배심원단의 판결서를 참고하여 4주 이후에 판결문을 공개하겠습니다, 그때까지 여러분도 이 사건에 대해 바른 판결을 내려 보시기 바랍니다!

땅, 땅, 땅!

역사공화국 세계사법정 재판 번호 22 콘스탄티누스 1세 VS 메메트 2세

주문

역사공화국 세계사법정은 콘스탄티누스 1세가 메메트 2세를 상대로 제기한 사죄와 이스탄불 반환 청구를 기각한다.

판결 이유

비잔티움 제국의 황제 콘스탄티누스는 중앙아시아에서 쫓겨나서 메소포타미아 지역으로 들어온 튀르크 족이 비잔티움 제국의 땅을 빼앗았다고 주장한다. 그 후 소아시아의 룸 셀주크 왕조과 비잔티움 제국은 서로의 땅을 어느 정도 존중해 주었지만, 룸 셀주크 왕조에서 독립한 오스만이 제국을 세운 후 비잔티움 제국과의 관계가 악화되었고 결국에는 오스만 제국의 메메트 2세가 콘스탄티노플을 함락했다.

비잔티움 제국의 황제 콘스탄티누스는 비잔티움 제국과 룸 셀주크 왕조 나아가 오스만 제국 초기의 관계를 고려할 때 메메트 2세가 콘스탄티노플을 함락하지 말아야 함에도 불구하고 콘스탄티노플을 함락했기 때문에 이는 배신행위라고 주장한다.

재판에서 증명된 증거와 증언, 변론을 종합해 보았을 때, 비잔티움 제국의 주변국들이 콘스탄티노플을 정복하려고 했고 또한 이로 인한

전쟁으로 비잔티움 제국의 기력이 쇠해 스스로 존속하기 힘들었기 때문에 메메트 2세가 콘스탄티노플을 정복한 것은 정당하며, 또한 과거에 병합된 콘스탄티노플을 콘스탄티누스 황제에게 돌려주는 것은 어렵다고 판단된다. 또한 피고의 콘스탄티노플 반환 거부는 자신들의 정당한 사유에 근거한 것으로 콘스탄티누스 황제의 명예를 훼손했다고 보기 어렵기 때문에 황제에게 사죄할 필요가 없다는 것이 본 법정의 판단이다.

그리스 정교회의 중심지였던 콘스탄티노플은 전 세계 신자들의 성지이지만, 콘스탄티노플, 즉 오늘날 이스탄불의 성 소피아 대성당은 성당이 아니라 박물관으로 기능하고 있다. 이는 비극적인 일로서, 콘스탄티노플을 원고에게 돌려주고 성 소피아 대성당을 그리스 정교회 신자들에게 돌려주어야 되는지 판결 내리기는 상당히 부담이 됨을 고백하지 않을 수 없다. 비록 본 법정에서는 원고 콘스탄티누스의 고소를 기각하지만, 비잔티움 제국이 오랜 세월 존속하면서 비잔티움 문화, 나아가 그리스 정교회 문화를 전파함으로써 오늘날 동유럽 문화 형성에 지대한 역할을 한 점은 인정하지 않을 수 없다. 하지만 피고가 서방인들에 의해 그리스로 독립한 발칸 반도를 터키 인들에게 돌려달라고 하지 않는 것과 같이, 원고도 같은 생각을 가져 보기 바란다.

역사공화국 세계사법정 담당 판사 명판결

"역사의 풀지 못한 숙제들을 파헤치겠소"

역사공화국 세계사법정 맞은편에 자리한 김딴지 변호사의 사무실 벽에는 이스탄불 전체를 한눈에 볼 수 있는 지도가 걸려 있다.

'드르렁 드르렁.'

그 지도 아래 놓인 소파에서 김딴지 변호사는 낮잠을 즐기고 있었다. 그때 사무실 문이 열리더니 노신사가 조용히 들어왔다.

"안녕하세요. 김딴지 변호사 님을 뵈었으면 하는데요."

"어이쿠! 제가 김딴지인데 누구십니까?"

"반갑습니다. 저는 세계 총대주교 바르톨로메오입니다."

잠에서 덜 깬 김딴지 변호사가 엉거주춤 일어나며 인사를 건넸다.

"아, 네. 세계 총대주교라고요? 저는 잘 모르겠는데요?"

"콘스탄티노플에 있는 세계 총대주교좌의 수장입니다. 현재 전 세계의 모든 정교회 교회들 가운데 첫 번째 위치에 있으며, 형제들인 다른 정교회의 총대주교들과 회의할 때 의장을 맡고 있지요. 또한 전 세계 정교회 주교 회의를 소집하고, 타 교회 및 타 종교와의 대화를 주선하며, 정교회의 일치를 위한 대변인으로서의 역할도 맡고 있습니다. 다시 말해 세계 종대주교는 국가나 민족이라는 경계선을 초월하는 존재이며, 전 세계적으로 3억이 넘는 정교회 교인들의 영적 지도자이지요."

그제야 노신사가 누구인지 알게 된 김딴지 변호사가 자세를 고쳐 앉으며 물었다.

"아, 그러세요. 잘 몰랐던 점 사과드립니다. 그런데 무슨 일로 저를 찾아오셨는지요?"

"비잔티움 제국 멸망과 관련된 지난 재판은 잘 보았습니다. 김 변호사 님은 비잔티움 제국과 튀르크 족의 관계에 대해 잘 알고 계시더군요. 이스탄불을 비잔티움 제국의 콘스탄티누스 황제에게 돌려주어야 한다고 주장하시는 것을 보고 저도 용기를 얻었습니다. 성소피아 대성당은 정교회의 성지입니다. 그런데 메메트 2세는 콘스탄티노플을 함락한 뒤 "기독교인들이 믿는 하나님은 없고 알라만 존재한다"고 외치면서 영토 확장 목적을 달성한 걸 기념해 대성당의 흙을 자신의 머리에 뿌리고, 콘스탄티노플 총대주교로부터 성당을 몰수하여 모스크로 사용하겠다고 선언했지요."

"성당의 모습 그대로 모스크로 사용했습니까?"

"아닙니다. 대성당과 연결되어 있는 총대주교 자택의 통로를 파

괴하고 대성당 내부의 십자가를 떼냈지요. 그리고 성화에는 석회 칠을 했으며, 메카의 방향을 나타내는 미후라브가 더해졌습니다. 그후 네 개의 첨탑이 증축되었으며 성당 내에 설교 단상이 만들어졌어요. 이로써 오스만 제국의 술탄이 매주 금요일 예배를 드리는, 오스만 제국에서 가장 격식 높은 모스크 중 하나가 되었지요. 하지만 1923년 오스만 제국이 무너지고 공화국이 수립되었을 때 그리스를 중심으로 유럽 각국이 성 소피아 대성당의 반환과 종교적 복원을 강력하게 요구하자, 터키 정부는 이 성당을 인류 모두의 공동 유산인 박물관으로 지정했어요. 즉 하기야 소피아 박물관으로 개조해서 기

왜 비잔티움 제국은 멸망했을까?

독교든 이슬람교든 종교적 행위를 일절 금지시켰지요."

노신사의 얼굴엔 안타까움이 가득했다.

"아, 그렇습니까?"

"그래서 말씀드리는데, 이 성 소피아 대성당을 박물관으로 사용하지 말고 그리스 정교회의 성당으로 사용할 수 있도록 하는 소송을 맡아 주실 수 있으신지요?"

느닷없이 변호를 의뢰받은 김딴지 변호사는 고민에 휩싸였다. 이슬람교와 그리스 정교회 간에 분쟁이 일어날 수도 있는 까다로운 소송이었기 때문이다. 하지만 역사의 풀지 못한 숙제들을 파헤쳐 올바른 역사 이야기를 들려주고자 찾아온 역사공화국이 아닌가! 김딴지 변호사는 변호를 허락하며 혼잣말을 했다.

"아, 해결해야 되는 일이 이렇게도 많은가!"

동양과 서양을 잇는 터키

터키 국기로, 달과 별이라는 뜻의 '아이일디즈'라는 애칭으로 불립니다.

터키는 보스포루스 해협을 사이에 두고 아시아 대륙의 서쪽과 유럽 대륙에 걸쳐 있는 나라입니다. 위치가 이렇다 보니 자연스럽게 동양과 서양의 문화가 섞여서, 터키에는 다양한 유적이 남아 있기도 하지요.

터키 사람들의 조상은 중앙아시아에서 살던 유목민으로 '튀르크'라고 부릅니다. 10세기 무렵 지금의 터키가 있는 소아시아로 옮겨 온 튀르크 족은 강력한 오스만 제국을 세우고 비잔티움 제국을 정복했습니다. 이후 1922년에 오스만 제국이 멸망하고 터키 공화국이 탄생했지요.

터키의 국교는 이슬람교가 아니지만, 터키 사람들 대부분은 이슬람교를 믿고 있어요. 이슬람교의 영향으로 돼지고기를 먹지 않고 주로 쇠고기와 양고기를 먹으며, 양젖으로 만든 하얀 치즈와 요구르트를 즐긴답니다.

터키의 수도는 앙카라이지만, 가장 잘 알려진 도시는 이스탄불이에요. 이스탄불은 보스포루스 해협을 통해 흑해, 마르마라 해와 연결되기 때문에 예전부터 상업이 발달하였어요. 비잔티움 제국과 오스만 제국의 수도이기도 했던 이스탄불은, 기독교와 이슬람교의 문화가 한데

어우러져 있는 독특한 곳이기도 합니다. 이스탄불에는 또한 여러 개의 궁전이 있는데, 그중에서도 잘 알려진 것은 톱카프 궁전, 돌마바흐체 궁전 등입니다. 톱카프 궁전은 오스만 제국의 황제인 술탄이 살았던 곳으로, '톱카프'란 터키 어로 대포란 뜻이라고 해요. 궁전 입구 양쪽에 두 대의 대포가 있어서 붙은 이름이지요. 그리고 18세기 터키 건축의 특징을 보여 주는 돌마바흐체 궁전은 서양 건축 양식의 영향을 많이 받은 것을 알 수 있습니다.

아시아와 유럽을 잇는 곳에 자리 잡은 나라이니만큼, 터키에는 그리스·로마의 유적과 트로이 전쟁의 흔적은 물론, 비잔티움 제국의 기독교 유적과 화려한 이슬람 문화로 대표되는 오스만 제국의 유적까지, 찬란한 인류 문명의 흔적이 곳곳에 남아 있답니다.

돌마바흐체 궁전 : 프랑스의 베르사유 궁전을 본떠 지은 유럽풍 건축물입니다.

보스포루스 다리 : 아시아와 유럽 사이에 있는 보스포루스 해협을 가로지르는 다리입니다.

『역사공화국 세계사법정 22 왜 오스만 제국은 비잔티움 제국을 멸
망시켰을까?』와 관련한 논술 문제를 풀어 봅시다.

※ 다음 제시문과 그림을 보고 물음에 답하시오.

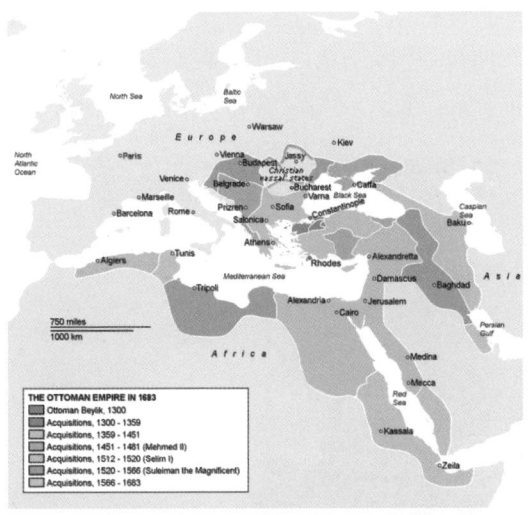

1680년경의 오스만 제국의 영토

  셀주크 튀르크가 13세기 말 몽골의 침입으로 멸망한 후, 같은
튀르크 족 중에서 오스만 1세를 조상으로 하는 오스만 제국이 일
어나게 된다. 오스만 제국은 비잔티움 제국을 압박하여 영토를 발
칸 반도, 서아시아, 아프리카까지 확대하며, 결국 1453년에 비잔

티움 제국을 멸망시키고 만다.

　이후 오스만 제국은 점점 영토를 확장시켜 북부 메소포타미아를 획득하였고, 이집트까지 공격한다. 그리하여 오스만 제국은 15세기 말까지 땅에서는 발칸과 아나톨리아의 거의 모든 곳을 평정하였고, 바다에서는 흑해 북해안과 에게 해의 섬들에까지 세력을 뻗쳐 흑해와 에게 해를 오스만 제국의 내해로 만들기에 이른다.

1. 이 글은 오스만 제국이 일어나서 영토를 확장시켜 나가는 과정에 대해 쓰고 있습니다. 그림에서 보면 유럽, 아시아, 아프리카에 걸친 많은 나라들이 오스만 제국의 영토가 된 것을 알 수 있습니다. 이렇게 영토 확장을 멈추지 않았던 오스만 제국을 옹호하는 입장과 비판하는 입장 중 하나를 골라 그 이유와 함께 써 보시오.

※ 다음 제시문을 읽고 물음에 답하시오.

(가) 비잔티움 제국에선 그리스 학문을 연구하였고, 교회를 장식하는 일에 적극적이었다. 때문에 비잔티움 제국의 건물은 아름답고 찬란했는데, 10세기에 키예프 공국의 블라디미르는 비잔티움 제국과 동맹을 맺기 위해 찾아왔다가 성 소피아 성당을 보고 "그곳에서 우리는 우리 자신이 천국에 있는지 지상에 있는지 알지 못하였다"며 감탄을 금하지 못했다.

(나) 비잔티움 문화는 많은 나라에 영향을 주었는데, 대표적인 것으로 이탈리아의 베네치아에 있는 성 마르코 대성당과 러시아 모스크바에 있는 성 바실리 성당을 들 수 있다. 비잔티움 문화가 서유럽과 동유럽 모두에 큰 영향을 준 것이다.

(다) 비잔티움 제국은 유럽의 입장에서는 방파제 구실을 하는 존재였다. 사실상 비잔티움 제국이 7세기에서 11세기에 이르기까지 이슬람 세력에 대한 방파제 구실을 하지 않았다면 서유럽의 기독교 문명은 사실상 많은 부분 타격을 입을 수밖에 없었을 것이다.

2. (가)~(다)는 비잔티움 제국에 대한 내용입니다. (가)~(다)를 읽고 비잔티움 제국의 의미에 대해 써 보시오.

─────────────────────────

─────────────────────────

─────────────────────────

─────────────────────────

─────────────────────────

─────────────────────────

─────────────────────────

─────────────────────────

해답 1 아나톨리아로 불리는 소아시아의 한구석에서 나와 발전한 오스만 왕조는 지중해 세계의 절반을 차지하는 거대한 오스만 제국으로 발전하게 됩니다. 이렇게 거대한 오스만 제국이 되기까지 많은 전쟁과 전투가 있어 왔고, 오스만 제국에 패한 나라는 영토를 빼앗겨야만 했지요. 이러한 전쟁 속에서 많은 사람들이 죽거나 다친 것은 불 보듯 뻔한 일이었습니다.

그런데 다른 나라를 차지하기 위해 무력으로 위협을 하는 행동은 옳지 못한 일입니다. 물론 당시의 시대적 상황이 지금과 다르다는 점을 십분 감안한다고 하더라도 오스만 제국의 행동은 지나친 부분이 없지 않은 것입니다. 결국 영원히 계속될 것 같았던 오스만 제국의 번영도 오래가지 못해, 결국 18세기 이후에는 쇠퇴하여 많은 영토가 다른 나라에 점령되거나 독립하고 말지요.

해답 2 (가)는 비잔티움 제국의 건물에 대한 내용이고, (나)는 비잔티움 제국의 영향을 받은 다른 나라에 대한 내용이며, (다)는 비잔티움 제국이 서유럽의 방파제 역할을 한 것에 대한 내용입니다. '성스러운 지혜'라는 뜻의 '하기야 소피아'라고도 불리는 성 소피아 대성당은 비잔티움 건축의 대표작으로 세계에서 몇 손가락 안에 꼽히며, 다른 많은 건축물에 영향을 주기도 했지요. 이처럼 비잔티움 제국은 동지중해의 신학, 학문, 문화의 중심지였던 것입니다. 또한 비잔티움 제국이 이슬람교를 믿는 세력으로부터 중세 기독교 세계의 동쪽 관문을 지켰던 것도 사실입니다.

왜 비잔티움 제국은 멸망했을까?

역사공화국 세계사법정 22

왜 비잔티움 제국은 멸망했을까?

© 김차규, 2012

초판 1쇄 발행 2012년 9월 7일
초판 3쇄 발행 2021년 6월 18일

지은이   김차규
그린이   조환철
펴낸이   정은영

펴낸곳   (주)자음과모음
출판등록   2001년 11월 28일 제2001-000259호
주소   04083 서울시 마포구 양화로6길 49
전화   편집부 (02) 324-2347 경영지원부 (02) 325-6047
팩스   편집부 (02) 324-2348 경영지원부 (02) 2648-1311
이메일   jamoteen@jamobook.com

ISBN 978-89-544-2422-6 (44900)